知的障害者の
　　　運動トレーニング

小野　晃

同成社

まえがき

　障害をもつ子どもや成人が気軽に運動できる場は、残念ながら今日の日本社会のなかにそう多く存在しない。また、全国の養護学校や障害児学級での体育のプログラムも、ハード、ソフトの両面において指導者の方々にとってけっして十分なものではないことも事実であろう。

　神経系の発達がいちじるしい幼児から小学生の時期、また各体力要素の発達がいちじるしい中・高校生の時期における遊びや運動による刺激は、身心の発育にとってきわめて重要な要素である。あるいは青年期から中年期にかけての運動は、健康な生活を送るうえで大きな意味をもつ。それは、いわゆる健常者のみならず障害者にとっても同様であり、多くの人がそのことを理解している。しかしながら、日本の障害者にとっては、受け皿としてのハードとソフトがはなはだ貧しい。すなわち、基本的な生活技術に比して遊びや運動の必要性があまり認められていないこと、運動に対する指導方法や援助方法が開発されていないことに加え、危険だからやらせないという考えがその根底にあるからである。しかしその発想は逆であり、やらせないから可能性は小さくなり、安全で効果的な指導法や道具の改良が成されないというのが事実といえよう。

　こうした現状に一石を投じたいと考えた筆者は、YMCA健康福祉専門学校とYMCA福祉スポーツ研究所を拠点に、知的障害児の感覚統合トレーニング・プログラムとして、プロジェクト・シード Project Seed を1997年からスタートさせた。シードとは、種あるいは発芽の意味である。このプロジェクトを通して、多くの障害をもつ子どもたち、ボランティアとして参加している青年たちが自分の可能性を模索し、種が発芽していってほしいという願いをこめたネーミングである。

本書は、感覚統合の理論と実践の場として行ってきたこのプロジェクト・シードの内容を中心に、成人を対象としたプールでのアクアエクササイズ、野外でのさまざまなトレーニング、キャンプ・プログラムなど、試行錯誤のなかで取り組んできたことについてまとめたものである。いずれもまだまだ多くの課題を残したものではあるが、知的障害者の運動トレーニングに関わっている方々にとって、さまざまなヒントを提出するものにはなったであろうと自負している。さらに、最終章では、筆者が1993年の夏、約1ヵ月にわたるオーストラリアでの研修で体験した、先進的な知的障害者の運動トレーニングの実態を紹介したが、今後の日本でのあり方を模索する踏み台となればと考えたからである。

　障害児・者に対する運動の受け皿が少ない日本の現状のなかで、より多くの場所で彼らに対するアプローチが成されることを願い、その際、本書の内容が少しでも役に立つことを心より願っている。

　2000年1月

小　野　　晃

目　　次

第Ⅰ部　基　礎　編 …………………………………………………1

第1章　神経系の構造と運動能力 ………………………………3
第1節　中枢神経系 …………………………………………3
1. 大　　脳 ………………………………………………3
2. 脳　　幹 ………………………………………………7
3. 小　　脳 ………………………………………………8

第2節　末梢神経系 …………………………………………9
1. 体性神経系――脳脊髄神経系 ………………………9
2. 自律神経系――交感神経・副交感神経 ……………16

第3節　運動に関与する神経経路 …………………………18
1. 錐体路 …………………………………………………18
2. 錐体外路 ………………………………………………20
3. 随意運動における錐体路・錐体外路の役割 ………20

第2章　運動行動の発現と制御 …………………………………23
第1節　受容器と感覚経路 …………………………………23
第2節　感覚の種類 …………………………………………23
1. 特殊感覚 ………………………………………………24
2. 体性感覚 ………………………………………………31

第3節　意識外の運動制御 …………………………………35
1. 反　　射 ………………………………………………35
2. 姿勢制御における反射 ………………………………37

第4節　意識内の運動制御……………………………………………40
　　　1. 随意運動とは何か………………………………………………40
　　　2. 随意運動が無意識にできる過程——動作の自動化…………40
　　　3. 随意運動の制御——スキルについて…………………………41
　　　4. スキルの分類……………………………………………………42
　第3章　姿勢の発達と神経生理…………………………………………45
　　第1節　姿勢の概念と優劣……………………………………………45
　　　1. よい姿勢…………………………………………………………46
　　　2. 体位を主とする姿勢の安定性…………………………………47
　　第2節　立位姿勢時の抗重力機構と基本姿勢………………………48
　　　1. 抗重力機構………………………………………………………48
　　　2. 立位の基本姿勢…………………………………………………49
　　第3節　姿勢の発達……………………………………………………50
　　　1. 基本姿勢における年齢的特徴…………………………………51
　　　2. 姿勢制御における運動過程と感覚過程の統合………………52
　　第4節　疾患にともなう異常姿勢……………………………………54
　　　1. 神経系に起因する姿勢…………………………………………54
　　　2. 骨・関節の変形による姿勢……………………………………55

第Ⅱ部　実　践　編……………………………………………………57

　第1章　屋内のプログラム………………………………………………59
　　第1節　プロジェクト・シードと障害児の感覚トレーニング……59
　　　1. プロジェクト・シードの概念…………………………………59
　　　2. ＰＳで考える体力………………………………………………59
　　　3. ＰＳのスタッフ体制……………………………………………60
　　　4. 感覚統合トレーニングの原理と視点…………………………61

5. 運営の実態……………………………………………………63

　　6. 安全体制………………………………………………………66

　　7. 規定動作の作成………………………………………………68

　　8. 各トレーニング種目の内容…………………………………68

　　9. 注意すべき事項………………………………………………78

　第2節　感覚統合としてのトランポリン運動指導法………………79

　　1. 背臥位、座位によるアプローチ……………………………82

　　2. 垂直跳び………………………………………………………84

　　3. 回転系の運動…………………………………………………87

　　4. 指導の要点……………………………………………………90

　第3節　プールでのアクアエクササイズ・トレーニング…………91

　　1. アクアエクササイズの概要…………………………………91

　　2. 実践の内容……………………………………………………94

　　3. 実践の結果と考察……………………………………………95

第2章　屋外のプログラム………………………………………………103

　第1節　川遊びによる感覚統合トレーニング………………………103

　　1. 川の抵抗を利用しての歩行…………………………………104

　　2. 筏による感覚統合トレーニング……………………………107

　　3. その他の川を使った遊び……………………………………111

　　4. トレーニングの要点…………………………………………112

　第2節　湖や山で行う感覚統合トレーニング………………………113

　　1. 湖での感覚統合トレーニング………………………………114

　　2. 山登りにおける感覚統合と運動量…………………………121

　第3節　雪上での感覚統合トレーニング……………………………128

　　1. 実施の要項と事前の準備……………………………………129

　　2. いろいろなプログラム………………………………………130

3. プログラムの要点………………………………………………137
　第4節　氷上での感覚統合トレーニング…………………………139
　　1. 実施の概要………………………………………………………139
　　2. さまざまなプログラム…………………………………………140
　　3. 氷上プログラムの要点…………………………………………147
　第5節　知的障害者におけるキャンプ……………………………148
　　1. キャンプの概要…………………………………………………149
　　2. 身体活動をともなうプログラムと課題………………………150
　　3. 知的障害者を対象としたキャンプファイアーの検討………154
第3章　オーストラリアにおける障害者の運動プログラム………159
　第1節　障害者を取り巻く環境……………………………………159
　　1. 住宅環境と人の条件……………………………………………159
　　2. 社会空間と人の条件……………………………………………160
　第2節　身体障害者に対するトレーニング………………………162
　第3節　障害者の水中療法…………………………………………163
　　1. 病院内における水中療法………………………………………163
　　2. 知的障害者に対する水中訓練…………………………………166
　第4節　知的障害者に対するサーキットトレーニング…………167
　第5節　重度知的障害者のマシーントレーニング………………169
　　1. 重度知的障害者のマシーントレーニング……………………169
　　2. ウェイトトレーニングと障害者の社会参加…………………171
　第6節　知的障害者の感覚統合・呼吸循環器系トレーニング…173
　第7節　障害者に対するその他の活動……………………………174
　　1. 障害者へのスポーツやレクリエーションの提供……………174
　　2. 障害者のボーリング……………………………………………176
　第8節　プロジェクト「コクーン」………………………………177

第Ⅰ部　基　礎　編

第1章　神経系の構造と運動能力

　ヒトは、外部の環境や身体内部の環境の変化（刺激）に、筋肉を収縮させたり伸ばしたり（反応）しながら目的に合わせて対応する。このときに、刺激を受け入れる受容器（眼・耳など）と反応として出力する効果器（筋肉）との間にあって、伝導や統合を行うのが神経系である。

　神経系には、部位による分類と働きによる分類がある。前者は、大脳・間脳・中脳・橋・延髄・小脳・脊髄（間脳・中脳・橋・延髄を合わせて脳幹という）に発する中枢神経系と脳脊髄神経（脳神経12対と脊髄神経31対——頸神経8対・胸神経12対・腰神経5対・仙骨神経5対・尾骨神経1対）に存在する末梢神経系の2つに分類される。中枢神経は末梢からの求心性神経系を処理し、再び末梢に情報を送る。すなわち、中枢神経は末梢神経を駆使して身体の機能を統合調節しているのである。

　また、後者は随意（自分の意思による知覚や骨格筋の支配）による体性神経系と不随意（自分の意思で動かせない心筋や内臓の支配）による自律神経系の2つに分類される。

第1節　中枢神経系

1．大　脳

　大脳は大きく4つの部分に分けられる（図-1）。すなわち、前頭葉、頭頂葉、側頭葉、後頭葉である。大脳の表面には複数の溝（脳溝）があり、大きなものとしては前頭葉と頭頂葉の間にある中心溝（ロランド溝）、側頭葉と前

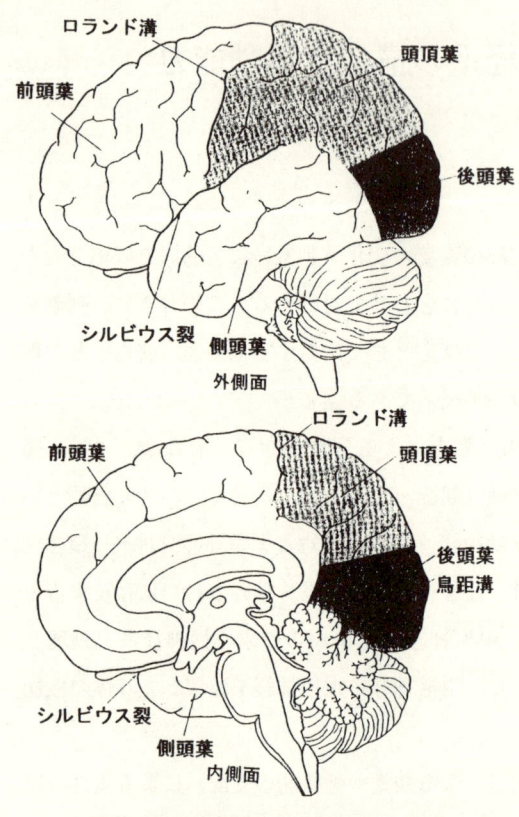

図-1　脳溝と脳葉（杉浦和朗、1985）

頭葉・頭頂葉の間にある外側溝（シルビウス裂）がある。

1）前頭葉

前頭葉はもろもろの運動を構成するうえで重要な働きをする。すなわち、大きくいって運動機能（随意運動・不随意運動）、精神機能（感情・性格）、運動性言語の3つの機能を支配する。中心溝の前方に運動領があるが、このなかで自分の意志による随意運動を支配するのが第4野である（図-2）。この領野の特徴は、動きが鈍く粗大な運動を行う体幹部、および体幹部に近い部位、さらに足などの働きに関与する面積が狭く、一方、微細な運動が必要となる手指・唇・舌（言語）などに関与する面積が広いことである（図-3）。身体上部の運動には、その下部が関与し、身体下部の運動には上部が関与する。左・右の半球は、身体の反対側に関係するが、顔などは両半球より支配を受ける。この部分から発した運動線維はまとまって錐体路を作り、意識をもって行われる運動、すなわち随意運動に関与する。とくに精緻で速やかな運動の遂行に携わる。したがって、運動領またはその付近に障害が発生すれば、特定の部位が意志どおりに動かせなくなる。

第4野は、手指の動きなど細部にわたって区分され、分離された運動を可能にする。一方、第6野は体幹部を含む多くの部分の粗大な運動、すなわち分離されない運動を支配する。

2）頭頂葉

頭頂葉は感覚領とよばれ、中心溝の後方に存在する。別名「ブロードマンの第1・2・3領野」といわれる。感覚と運動は本来別のものであるが、たがいに相関関係を有する。触

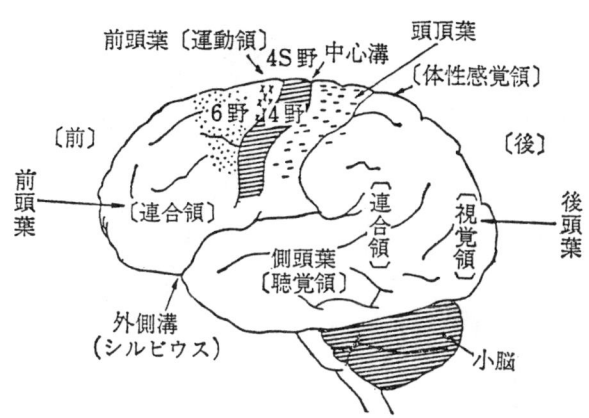

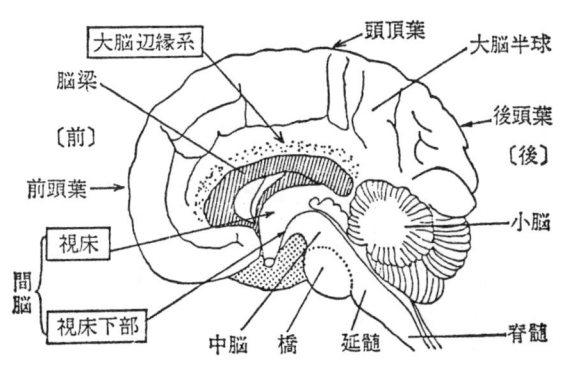

図-2　脳の側面図（上．左側）と内面図

覚・圧覚・温冷覚などの体性感覚は、おのおのの受容器を介して領野の特定の場所へ伝えられるが、運動行動の際にこれらの入力情報は重要である。たとえばマッチ棒を見て摘む場合とバーベルのバーを見て握る場合では、物の形、大きさ、重さによって力の加減も異なるからである。

感覚領以外の頭頂葉は、空間のイメージや左右識別をつかさどる。

3）側頭葉

側頭葉は聴覚・嗅覚・言語・記憶に関与する。聴覚中枢は、側頭葉と前頭

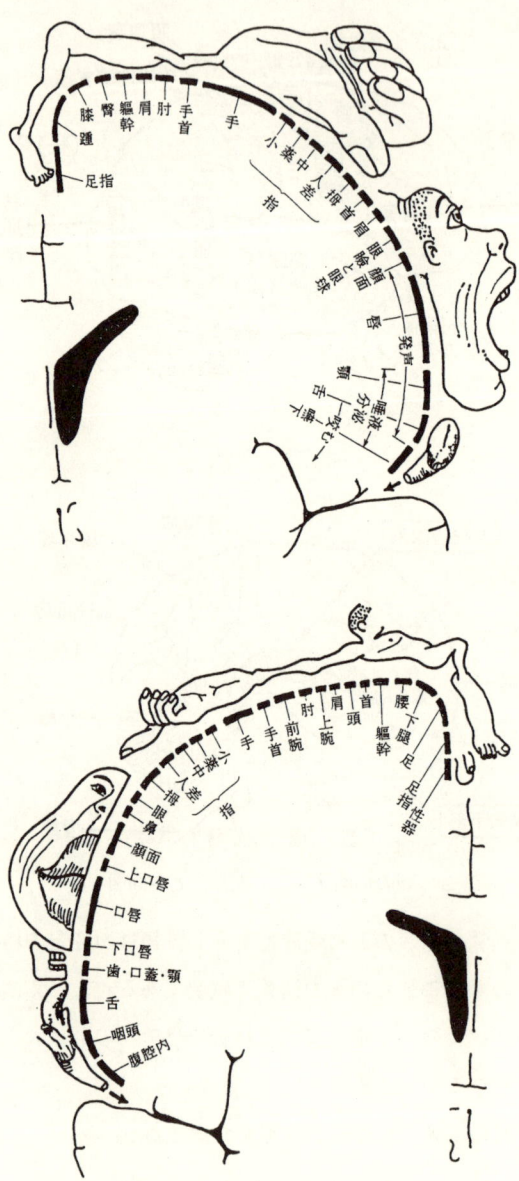

図-3　運動領(上)および感覚領の支配区域分布図
（大山良徳、1996）

葉・頭頂葉を区分するシルビウス裂に存在するが、この部位に障害があると聴覚に失調を生じる。嗅覚中枢は側頭葉の下面・内側に位置し、味覚にもこの部位が関与する。

　側頭葉は大脳半球の左右によって役割が異なる。左側は優位半球であり主として言語を支配していて、この部位を刺激すると失語が起こる。右側は非優位半球で、解釈領とよばれるが、ここには記録されていた過去の経験を意識のなかによみがえらす役割がある（たとえば、前に聞いたことがある、見たことがあるなど）。また、運動を実施するうえで基本的要素とも考えられる空間見当識（空間における自分の位置の認識）をつかさどっている。

　側頭葉は記憶の中枢とよばれるが、そこには海馬よ

ばれる部位との連携が必要となっている。海馬は意識の流れを再考する機能が意識的・無意識的なものの両方にわたって働いており、記録されている過去の経験の吟味と想起を可能にするためには、解釈領と海馬がいっしょに作用しなければならない。

　4） 後 頭 葉

　後頭葉の内側面には視覚の中枢（第17野）が存在する。視覚は左右の眼に関係なく、たとえば右側に存在する視野は、左目外側視野の半分と右目内側視野の半分に映り、そこから視神経・視神経交叉・視索・外側膝状態を経て左側の大脳皮質視中枢に達し、見えるということを認識するようになる。

　視中枢の上下には、連合領（第18・19野）があり、見た物の認知・解釈に携わる。運動と視野の関係は深く関わりあっており、自分の身体を基準に距離や速度や奥行き、また物体が何であるかを判断して行動するのは、この領野の働きによる。

2. 脳　　幹

　脳幹とは大脳・小脳を除く間脳から延髄までの脳の総称であり、大脳と脊髄の間にあって、脳神経の起始部をなしている。脳神経の核は延髄部に集中しており、反射中枢を形成する。

　1） 間　　脳

　間脳は小脳と中脳の間にあり、その主な部分は視床と視床下部である。視床は嗅覚以外の感覚を中継し、大脳皮質のそれぞれ対応する中枢に達する。視床下部は視床の下に位置し、さらにその下方には脳下垂体がある。この部位は平滑筋（内臓などの筋）や内分泌腺の働きを調節する自律神経系機能（植物機能）の中枢部である。働きとしては、体温調節（人間は恒温動物であり外界の気温が変化しても一定の体温を保とうとする）、水分代謝調節、物質代謝調節（食欲の部分であり異常があると肥満・痩せとなる）、性器の発達、性の衝動中枢、

睡眠中枢などがある。このように間脳は生命維持に関与する諸中枢が存在している部位である。

2) 中　脳

中脳は橋と間脳の間にあり、運動との関わりからみた働きとしては、姿勢反射に関与するものである。すなわち、骨格筋に一定の緊張を与えて姿勢を正しく保持させたり、直立させたりする役割をになっている。また、この部位には動眼神経核があり、眼の反射運動、注視機能、瞳孔の反射などをつかさどっている。

3) 橋

橋は中脳と延髄の間にある。この部位は、外転神経（眼球を外側に転じる筋を支配する）、顔面神経（顔面の表情をつかさどる）、聴神経などの核となっており、自律神経機能に関与するほか、骨格筋の運動を促進・抑制する働きがある。

4) 延　髄

延髄は脳幹の最尾にあって、脊髄と連絡しており、セキ、クシャミ、嚥下、唾液の分泌などの反射中枢がある。また、呼吸運動・心臓運動などの調節中枢があり、生命を維持するうえで重要な部分である。

3．小　脳

小脳は後頭部にあり、橋・延髄の後方に位置する。小脳には、あらゆる情報が送り込まれ、それに対する指令を情報提供した部位に送り返す。中心的な働きは、現在行われている運動の反応が適当か否かを判断し、それが誤りや不正確な場合に修正するよう指令することである。手足の筋を意志によって動かすのは大脳の運動領であるが、運動を円滑かつ正確に行うためには小脳の働きが必要となる。とくに運動の平衡機能、姿勢反射の調節、動作の協調に関与する。

第2節　末梢神経系

末梢神経系は、体性神経系（脳神経・脊髄神経）と自律神経系に分類される。体性神経系は運動（運動神経）、知覚（知覚神経）など動物機能に関係し、自律神経系は、交換神経と副交感神経によって、呼吸・循環・消化・栄養・生殖など主として植物性機能に関係する。

1．体性神経系——脳脊髄神経系

1）脳　神　経

脳神経は、頭蓋底孔を出入りして頭部・頸部・腹部の内臓に分布するが、12対あってⅠ～Ⅻの番号を付され、それぞれに名称がある。これらの神経は、個々に知覚・運動の支配域が異なり、異常であれば固有の症状を示す（図-4、表-1）。12対の脳神経は次のとおりである。

① 嗅　神　経

嗅覚を伝える神経である。鼻の上部にある鼻粘膜の鼻細胞から出る神経突起が嗅球に入り、さらに大脳の嗅覚中枢に伝達する。

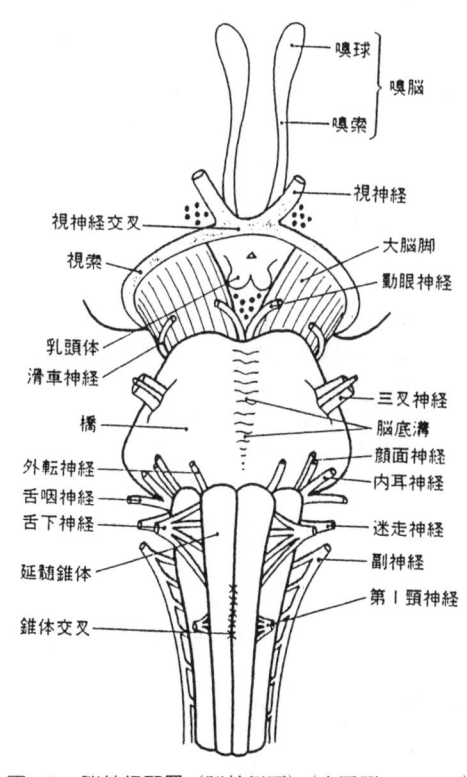

図-4　脳神経配置（脳幹側面）（中野昭一、1994）

② 視神経

　視覚の知覚中枢である。眼球網膜にある視細胞は、まとまって視神経となり頭蓋内に入る。視神経交叉で半交叉したのちに視索となり外側膝状態に入る。これらの神経路は、後頭葉にある視覚中枢に送られる。

③ 動眼神経

　眼球の運動神経であり、また眼筋の知覚神経である。この神経は中脳底部より出て運動性の外転神経核、滑車神経核、動眼神経核の3つは上眼下裂を通り、眼筋に分布して眼球と上眼瞼を動かす神経を支配する。また、同様にして副交感性の動眼神経核は、瞳孔を狭めたり水晶体の屈折率を増大させることに関与する。

表-1　脳神経とその主な作用

神 経 名	主 な 作 用	麻 痺 症 状
Ⅰ：嗅神経	嗅覚	嗅覚の消失
Ⅱ：視神経	視覚	視覚の消失
Ⅲ：動眼神経	混合（運動・副交際）	眼球の運動異常、瞳孔の散大、上眼瞼の下垂
Ⅳ：滑車神経	運動	眼球の運動（位置）異常
Ⅴ：三叉神経	混合	顔面と口腔粘膜の知覚麻痺、咀嚼筋の麻痺
第1枝：眼神経	知覚	
第2枝：上顎神経	知覚	
第3枝：下顎神経	知覚・運動	
Ⅵ：外転神経	運動	眼球の外転不能
Ⅶ：顔面神経	混合（運動・味覚・副交際）	表情筋の麻痺、唾液の分泌と味覚の障害、アブミ骨筋反射の消失
Ⅷ：内耳神経	聴覚・平衡覚	聴力と平衡覚の異常
Ⅸ：舌咽神経	混合（知覚・運動・味覚・副交際）	嚥下困難、舌根周辺の知覚と味覚の麻痺
Ⅹ：迷走神経	混合（知覚・運動・味覚・副交際）	嚥下や発声の障害（しゃがれ声）、胃腸の運動障害
Ⅺ：副神経	運動	肩をあげる運動の障害、頭の回転運動の障害
Ⅻ：舌下神経	運動	舌の運動障害（嚥下や会話の障害）

④　滑車神経

　この神経も同様に眼球運動に関与し、主として眼球を下方外に向ける上斜筋を支配する。

⑤　三叉神経

　顔面・前頭部の知覚、咀嚼運動を支配する。この神経は橋より発し、耳のあたりで三叉神経節を作る。ここから三枝に分かれて、それぞれ眼窩上部・同下部・顎部の知覚、顎の運動などを支配する。

⑥　外転神経

　眼球を外方に向けさせる外側直筋を支配する。橋の外側より発し、動眼神経、滑車神経核とともに眼窩に入り、眼球を外方に向けさせる働きをする。

⑦　顔面神経

　顔面の表情筋、および舌の前方から3分の2の味覚を支配する。また、涙腺・顎下腺・舌下腺の自律神経をもつかさどる。

⑧　内耳神経

　橋から内耳孔に入り、聴覚と平衡感覚をつかさどる。

⑨　舌咽神経

　延髄から出て舌根部・咽頭部に分布し、舌の後方3分の1の味覚を支配する。

⑩　迷走神経

　副交感神経の混合神経であり、内臓などを広く支配する。延髄から出て、本幹は名前の示すように長く複雑に分岐しながら側頸部・胸腔・腹腔の順に下行し、内臓の知覚・運動・分泌を支配する。

⑪　副神経

　胸鎖乳突筋（顔を斜め上方に向ける筋）、僧帽筋（肩を挙げる筋）の運動を支配する。

⑫　舌下神経

　舌の運動を支配する。

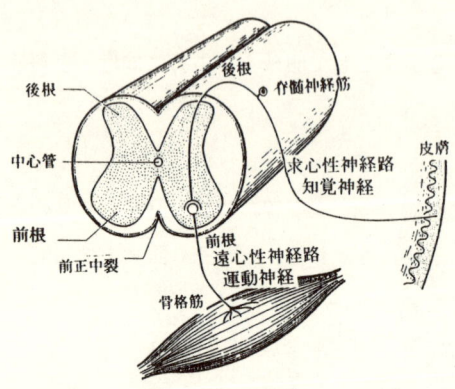

図-5 脊髄の構造（中野昭一、1994）

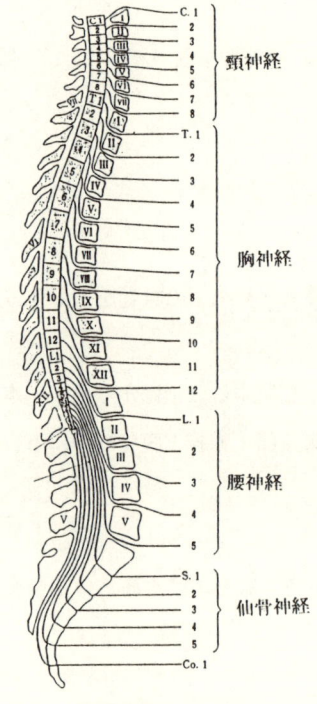

図-6 脊髄神経（清木勘治、1984）

2） 脊髄神経

脊髄に出入りする末梢神経を脊髄神経という。この神経は脊髄から起こり、前根と後根とからなる（図-5）。前根は遠心性神経路であり、運動神経がここから出ている。後根は求心性神経路であり、知覚神経が入ってくる。すなわち、皮膚・筋などの受容器から入力される知覚性の刺激は求心性神経を経由し脊髄に入り、前根から出る遠心性神経路を介して末梢の筋（効果器）によって運動をつかさどる。ただし、いったん中枢神経系に入る場合と直接反応する運動とは別であり、後者を脊髄反射という。

脊髄神経は頸神経8対（C1～C8）、胸神経12対（Th1～Th12）、腰神経5対（L1～L5）、仙骨神経5対（S1～S5）、尾骨神経1対の計31対があり（図-6）、椎間孔を出ると前枝と後枝に分かれる。前枝は複雑な枝が集まって神経叢を作り、体幹や体肢の皮膚・筋に分布する。後枝は神経叢を作らず、体幹背部の皮膚と一部の筋に分布する。このようにして脊髄神経は各神経によって特定の皮膚による知覚・運動をつかさどって

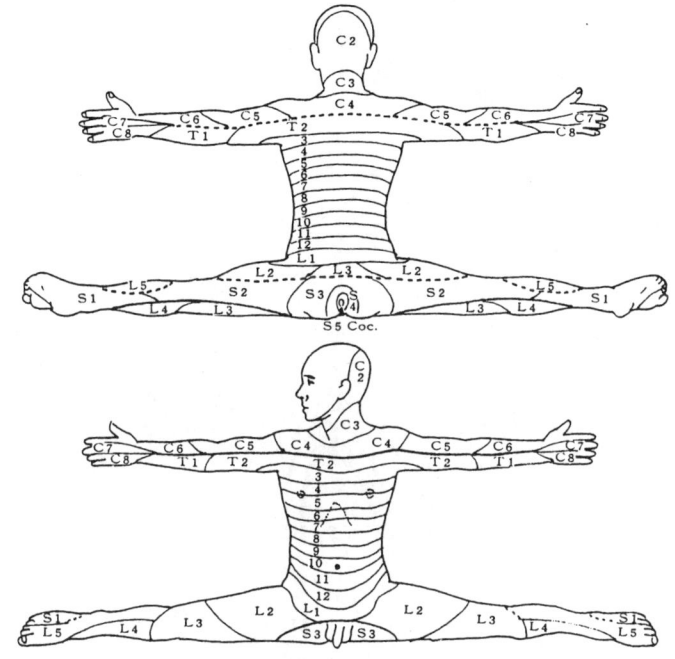

図-7　皮膚感覚の支配区分（杉浦和朗、1985）

いる。とくに知覚は、規則正しい分節構造（皮膚分節）がある（図-7）。交通事故や運動中の事故で首や腰などを強打した場合、ある特定の部位における知覚や筋運動が麻痺することがある。この場合、どこの神経に問題があるかを知覚検査するのにハケなどを使うが、それはこのような規則性があるからである。脊髄神経のなかの主なものを以下に記す（図-8）。

① 頸神経叢

　第1～第4頸神経（C1～C4）の前枝からなり、頸部の皮膚と筋に分布するとともに主に横隔膜の運動を支配する。

② 腕神経叢

　第5頸神経～第1胸神経（C5～Th1）の前枝からなり、肩と上肢を支配する。腕を外側にもちあげる（外転）三角筋を支配するとともに上腕部外側背部

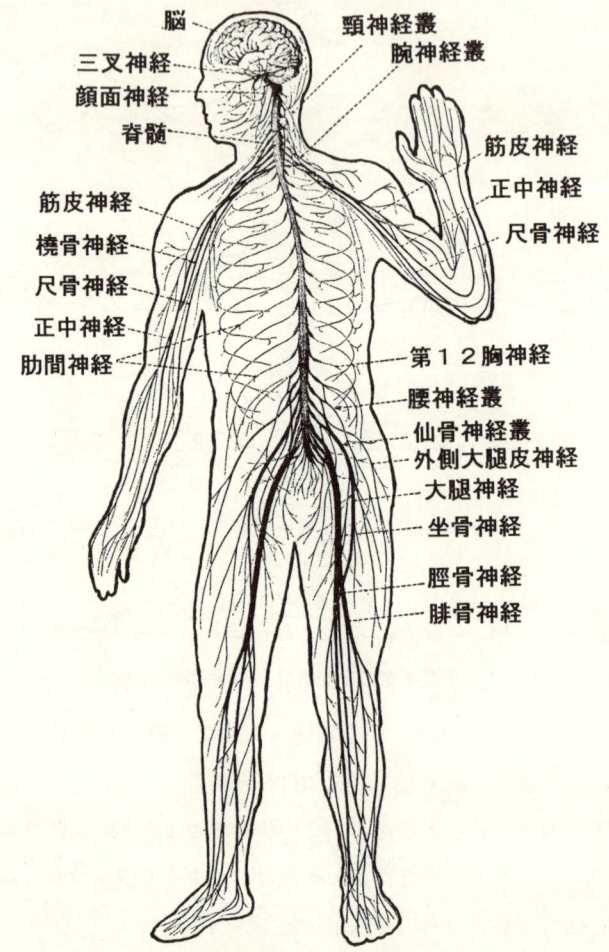

図-8 主な神経（藤田恒太郎、1980）

の知覚をつかさどる。主なものは次のとおりである。

〈筋皮神経〉 上腕を屈曲させる群筋（上腕二頭筋・上腕筋など）を支配するとともに上腕、前腕外側の皮膚に分布する。

〈正中神経〉 上腕、前腕を通り、手掌を握る筋（前腕屈筋群）、母指を屈曲させる筋（母指球筋）を支配する。知覚は薬指中央から母指にかけて支配する。

この神経が麻痺すると母指がうまく使えず「サル手」のようになる。

〈尺骨神経〉　手の動きをつかさどる筋のほとんどを支配するとともに、知覚では手掌と手背の内側半分に分布する。したがって、この神経が麻痺すると細かい指の動きができなくなり、指は「ワシの足」のようになる。

〈橈骨神経〉　肘を伸ばす、手首をかえす、前腕を外側に回す（回外）、指を伸ばすといった上腕の伸筋群を支配する。知覚では上肢の背面、手背の外側半分の皮膚に分布する。したがって、この神経が麻痺すると手・肘などを伸ばすことができず、常に屈曲したままとなる。

③　肋間神経

胸神経の12対（Th1〜Th12）の前枝は神経叢を作らず、まとめて肋間神経とよばれる。この神経は肋骨下縁に沿って胸部・腹部の皮膚知覚、肋間筋、腹筋などを支配する。

④　腰神経叢

第12胸神経〜第4腰神経（Th12〜L4））の前枝は腰神経叢を作り、そこから出る枝は、下腹部、大腿前面の知覚・筋を支配する。代表的なものは次のとおりである。

〈大腿神経〉　そ径部を通り大腿前面に分布する神経で、大腿前面・内側面の知覚と大腿の伸筋群（膝を伸ばす筋）、内転筋群（膝を外から内側へ閉じる筋）を支配する。

〈閉鎖神経〉　大腿の内転筋群（太腿の内側にある股を閉じる筋）と大腿内側の知覚を支配する。

⑤　仙骨神経叢

第4腰神経〜第3仙骨神経（L4〜S3）の前枝は仙骨神経叢を作り臀部・下肢の知覚・運動に関与する。この枝には坐骨神経という人体最大の末梢神経がある。

2. 自律神経系——交感神経・副交感神経

　ヒトは、何かを考えたり、意識して運動を調節することができる。これに対し、無意識下で身体の内部環境を整えようとする働きをもつが、これをつかさどるのが自律神経である。たとえば、心臓をはじめ各内臓の筋は意識的に動かすことはできない。また、呼吸数や心臓の拍動数は運動強度とともに増加していくものであるが、競走でスタート前になると、緊張のためまだ走ってもいないのに脈拍が早くなる。このように自律神経は自分の意志とは無関係に、内臓の運動や腺の分泌を自動的に調整し、外部環境の変化に対して適切な行動がとれるように働く。

　自律神経は交感神経と副交感神経の2つの神経に分類され、両者の作用は拮抗している。すなわち、一方が促進的ならば他方は抑制的であり、また、いずれか一方の作用が弱められると他方の作用が優勢に働く。各臓器・器官における作用および分布は表-2、図-9に示したが、考え方としては次のとおりである。

　すなわち、普段の安定した生活では副交感神経が支配しているが、ストレス

表-2　自律神経（交感神経系・副交感神経系）の作用

内臓・器官	副交感神経系の作用	交感神経系の作用
消化管	消化液の分泌を亢進させる	消化管の運動を抑制、括約筋を緊張
肝臓		血中のグルコースを増加
膀胱・尿道	括約筋を弛緩し排尿しやすくする	括約筋を緊張させ尿失禁を防ぐ
心臓	心拍数を減少、安定	心拍数を増加
血管		内臓や皮膚の血管を収縮させて血液を増加させる
唾液腺・涙腺	唾液・涙腺の分泌を亢進	唾液・涙腺の分泌を抑制
瞳孔	瞳孔を縮小	瞳孔を拡大
水晶体	水晶体を厚くする	水晶体を薄くする
副腎髄質		アドレナリンやノルアドレナリンの分泌を亢進させる
皮膚の汗腺		発汗を促す
立毛筋		鳥肌を立たせる

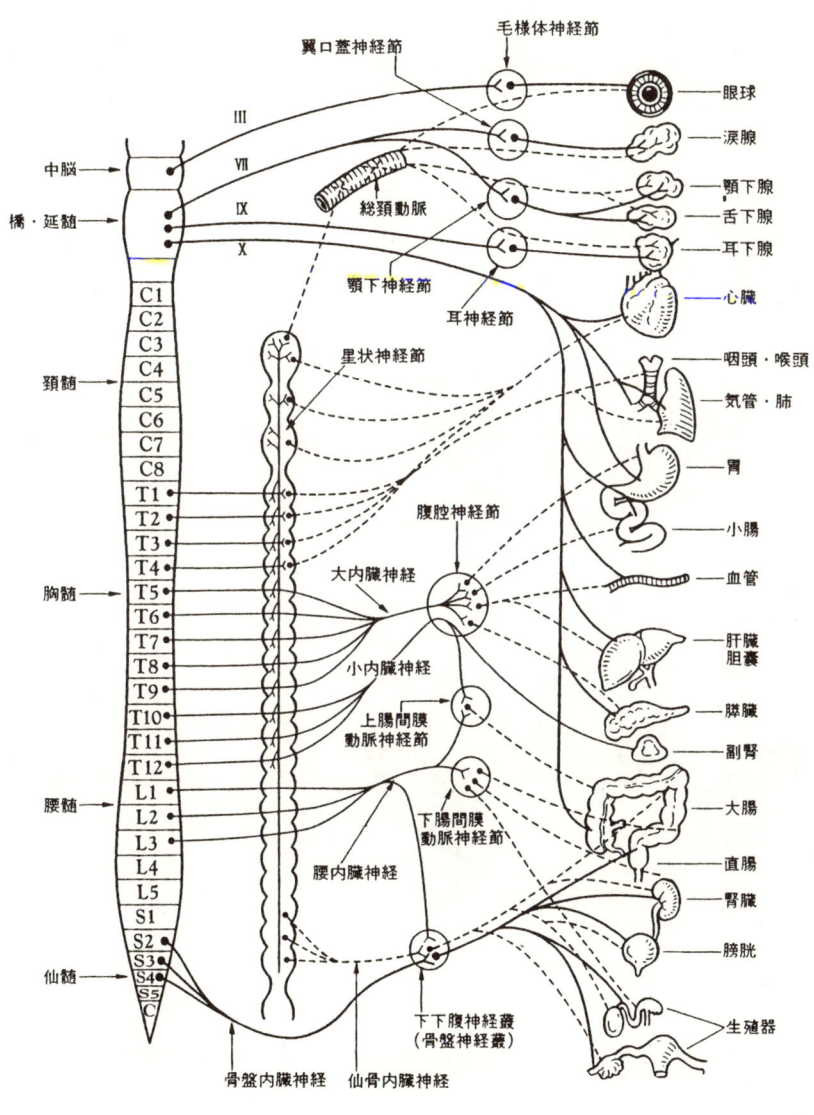

図-9　自律神経の分布（清木勘治、1984）

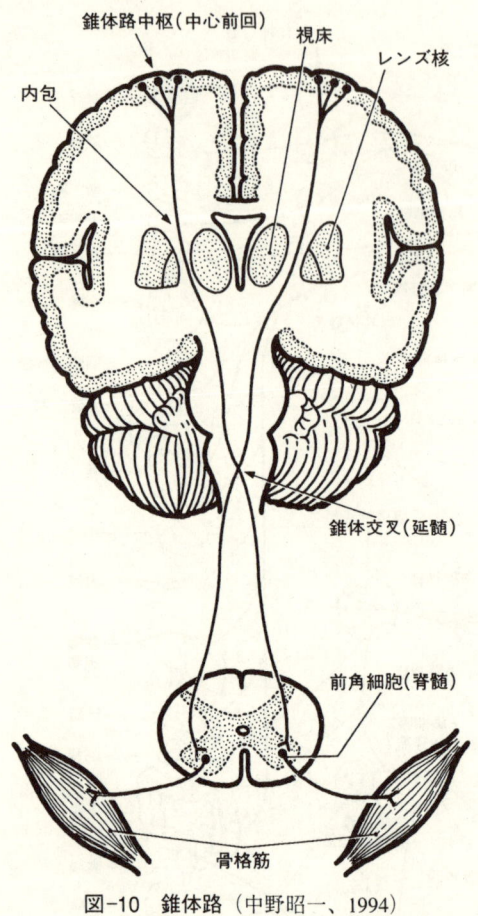

図-10　錐体路（中野昭一、1994）

や緊張時においては交感神経が働く。小さい子どは家に来客があると興奮して夜の寝つきが悪くなることがあるが、これは交感神経が優勢に支配している例である。あまり施設外に出ることのない重度の障害者なども同様の傾向を示すことがある。これらの調節も経験の数により反応の度合が異なる。健常者であっても、水泳をしたことのない人やスキーをしたことのない人が初めてやるときと、何度もやったことのある人では興奮のしかたがちがってくる。このように自律神経系は、自分の意識下にはないが、あらゆる経験を通して交感神経と副交感神経の支配度、スムーズさが異なってくる。ストレスマネージメントとか自律訓練法とよばれるものは、これらの度合をコントロールする方法である。

第3節　運動に関与する神経経路

1. 錐体路

脳や脊髄の各部にあるニューロン（神経細胞）が連絡しあうことで個体とし

ての有機的活動が可能になる。この結びつけを行う神経線維の束を神経経路というが、その代表的なものとして、主に意識のある運動（随意運動）に関与するのが錐体路である（図-10）。

錐体路は運動領４野の運動性ニューロンに発する随意運動の経路で、延髄の錐体という部位で交叉しているため錐体路とい

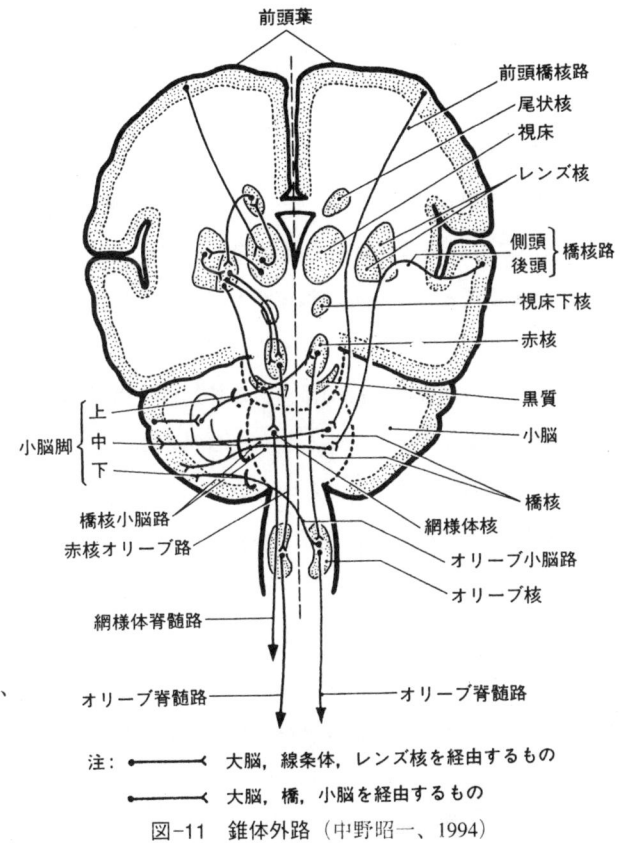

図-11　錐体外路（中野昭一、1994)

われる。錐体路は運動性ニューロンが集まって下行し、内包→大脳脚（中脳）→橋底部を通って延髄錐体に達する。この部位でほとんどの線維は左右に交叉（錐体交叉）したあと、脊髄の側索をそのまま下行し、脊髄の各高さで前角細胞に連なる。一方、非交叉の線維は、脊髄の前索をそのまま下行しながら、各高さで交叉したのち、反対側の前角細胞に連なる。

このようにして、人があるひとつの随意運動を意図したとき、大脳皮質の運動領からインパルス（神経衝撃）が錐体路を下行し、筋収縮を起こして動作が行われる。また、錐体路は左右に交叉していることから、たとえば大脳皮質の

左側運動領からのインパルスは右側の筋を支配する。したがって、もし右側の脳が損傷した場合には、身体の左側が不随になるのである。

2．錐体外路

随意運動の神経支配に参加する、もうひとつの神経経路が錐体外路である（図-11）。この経路は骨格筋の反射的・無意識的な運動を調節したり、筋の緊張を調節することによって、錐体路とともに筋運動を円滑に遂行させる働きをする。たとえば、膝や腕を曲げる場合に屈筋群を収縮させるのは錐体路の働きであるが、この筋群と拮抗関係にある伸筋群を弛緩させ、過不足を制御するのは錐体外路の働きである。すなわち、日常の歩行をはじめとする多くの無意識運動は、錐体外路に負うところが多い。

この系路は大脳皮質と脳幹部・小脳などの反射運動を含む筋運動の中枢から発し、脊髄前角の運動ニューロンに終る。したがって、錐体外路は随意運動にともなう協同運動の経路であると同時に、小脳から視床下部を経由する反射運動の経路でもある。このようにして、脊髄に達した錐体路・錐体外路は脊髄のそれぞれの高さで前柱細胞に連絡され、そこから運動神経線維が骨格筋に連絡している。

赤ん坊は錐体路の発達が未熟であり、ほとんどの運動行動は錐体外路による。またヒトの錐体路は他の哺乳動物に比してより発達しており、それが巧みな手足の運動に反映している。

3．随意運動における錐体路・錐体外路の役割

錐体路の役割は、運動に速さを加えると同時に、手指の独立した運動に精密さを与えることである。一方、脊髄を下行する錐体外路は内側経路と外側経路に分かれて別々に機能をしている。

前庭核・網様体・視蓋から発して下行する内側経路は、体幹部や体肢の筋肉、

体幹の伸筋を主とする直立姿勢の保持、体幹体肢の統合運動など、運動全体を統括的に制御する。一方、赤核から発して、脊髄外側部を下行する外側経路は、体肢の屈筋群を支配して体肢の独立運動、とくに手の運動をつかさどる。この外側経路とともに錐体路が屈筋群を同時に支配して、より高度に精密な独立した手指の運動を行わせるのである。

第2章　運動行動の発現と制御

第1節　受容器と感覚経路

　ヒトを含めた動物は外部環境に適応するために、外界および体内の状況を感覚刺激として感覚受容器に受け入れる。刺激が一定の強さ（閾値）に達すると受容器が活動して感覚ニューロンにインパルスが生じ、これが次々に後続しているニューロンを経て（求心性神経路）大脳皮質の感覚中枢に投射し、処理・統合されて知覚・認識にいたる。このニューロン連鎖を感覚経路という。すなわち、ヒトは各感覚受容器の得た感覚によって痛さ・寒さ・暑さ・冷たさ・熱さ・危険などに対する行動を起こすのであるが、その場合、受容器は、そのつかさどる感覚によって決まった構造をもっており、ある特定の刺激と一定の強さにのみ反応する。その刺激を受容器の適当刺激という。

第2節　感覚の種類

　光を感じるのと音を感じるのとではそれぞれ異なる受容器が働く。両者は、たがいに移行できないものであり、これを感覚の種類という。また、同一の感覚器であっても働く内容が異なることがある。たとえば、視覚においては、物体の形を感じるのと、奥行きや色の差異を感じるのでは働きが異なる。これを性質という。
　感覚の種類は特殊感覚、体性感覚、内臓感覚、中枢化学感覚に分類され、運動との関連で考えた場合は、特殊感覚と体性感覚が重要となる。

1. 特殊感覚

特殊感覚は視覚、聴覚、味覚、嗅覚、平衡（前庭）覚に分類されるが、ここでは運動と関係の深い視覚、聴覚、平衡覚について述べる。

1）視　　覚

視覚は自分の身体と外部の状況との関係を把握するのに重要な感覚である。運動場面に限らず、眼は形状を判断したり、遠近感や物体の奥行き、物体の速度・変化・色などを判断する。これらの情報はいずれも眼という受容器を介して受け入れられるが、感覚としての性質は異なるものである。

視覚器の構造と機能は以下のとおりである。

視覚をつかさどる眼球は3層の膜からなりたち、外から外膜、中膜、網膜に分けられる（図-12）。外膜は眼球の前方で外界に露出している角膜と、後方の強膜からなる。中膜は後方から脈絡膜、毛様体、虹彩の3つからなる。前方の

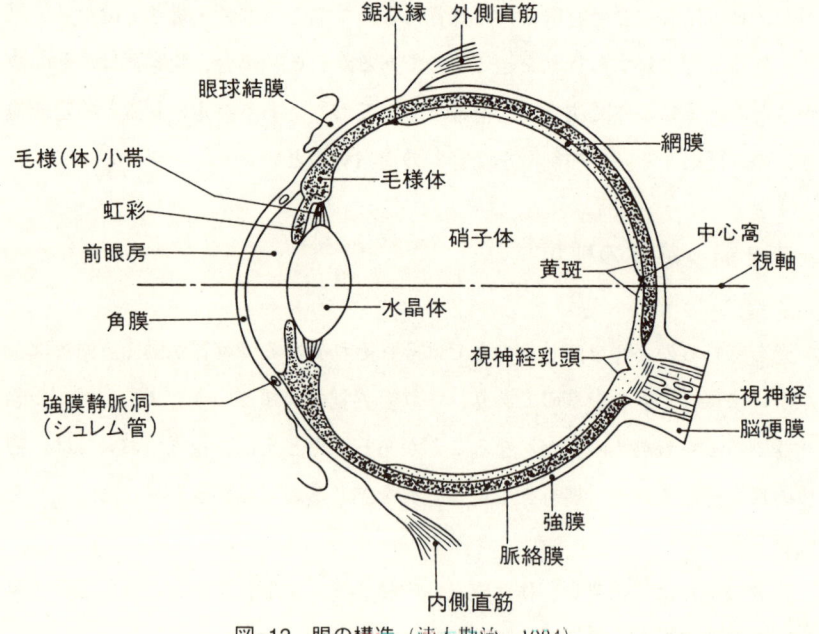

図 12　眼の構造（清木勘治、1984）

中心部には瞳孔がある。網膜は眼球の後方壁（脈絡膜）に分布する分部である。眼に入った光は、水晶体により上下左右が逆の形を結び、網膜に写される。網膜は、この形を感受して、視神経を介し脳へ送る。

　網膜のなかには杆状体と錐状体という細胞が多数含まれている。これらの細胞は光に敏感であり、光感受細胞とよばれている。杆状体細胞は、暗い所で物を見るときに重要な役割をするが、極度に明るい所では働かない。たとえば夏の強い日差しの所から急に暗い部屋に入ると見えなくなるが、時間とともに暗いところでも見分けられるようになるのはこの細胞の働きによる。錐状体細胞は、網膜の中心部に多く、明所で働き、赤、黄緑、青などの色を見分ける役目をする。その他の色は、これらの反応の組み合わせによって区別する。以上が、眼球の3層の構造と機能である。

　眼にはさらに水晶体がある。水晶体の周囲には毛様体筋が輪状にあるが、この筋が収縮することによって水晶体に付着している輪状の靱帯がゆるみ、水晶体がふくらんで厚くなり、近くの物に対してピントが合う。また、毛様体筋がゆるむと靱帯は水晶体を外側よりひっぱり、水晶体が薄くなることで遠くの物にピントが合う。このように水晶体はレンズの厚さを変えることで遠近調節をするのである。

　さて、このピントであるが、ヒトが外界を見るとき、詳細に見える所は1ヵ所であり、あとはぼやけて見える。視界のなかに何か動いているものや気になるものがあれば、その物体に焦点を合わせる。また、音がする方向に首を回すと同時に、その方向に視点を移す。すなわち、順次外界の変化に合わせて視線を動かすのであるが、これをつかさどっているのが眼筋である。眼球に関与する筋は6つあり、内(側)直筋、外(側)直筋、上直筋、下直筋、下斜筋、上斜筋である（図-13）。これらの筋に眼球を収縮させる信号を大脳から送っているのが脳神経である。脳神経は、内上下の3直筋と下斜筋を担当する動眼神経、外直筋を担当する外転神経、上斜筋を担当する滑車神経の3系列がある。動眼神

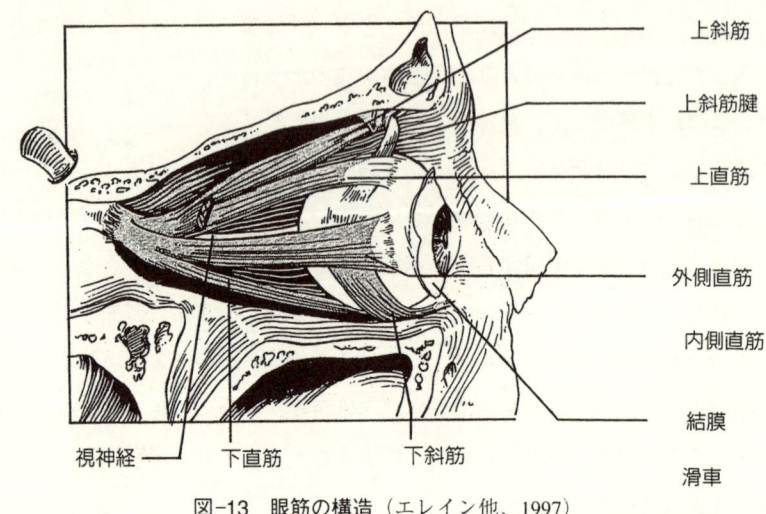

図-13 眼筋の構造（エレイン他、1997）

経は瞼の動きのための眼瞼挙筋、また瞳孔の動きや水晶体の厚さを調節する毛様筋をも制御している。

　外界に存在する物体をヒトが表現するのに、視覚は重要な役割を果たす。たとえば、動物園に行った幼児にトラはどんな動物かと聞くと「大きくて恐い動物」と答えるだろう。さらに質問を続けていくと牙のようすや色、ネコとの類似性など、その子の過去に学習したことのある概念に加え、物体の大きさ、色、形状などを表現する。危険の回避という視点から考えたとき、後方から何か大きな物が自分に近づいてくるのに気がつくのは、音の変化も重要であるが、物体の陰の変化をみることにもよる。身体の前面から自分に近づいてくる物体については、大きさ、速度、形、それが何かなどを視覚を通して感知し、身体をすくめたり、頭を手で覆ったり、あるいは走って逃げるといった回避行動を選択する。このように視覚は、外界に存在する物体を表現したり、行動を起こすのに重要である。

　日常的な生活行動やスポーツ活動の場面において、視覚との関連性で考えたとき、次のような光景をよくみかける。一般的に2階への階段は暗いために照

明がある。しかし、降りる前の場所の真上に照明があった場合、降りるにしたがって自分の影で階段が見えなくなる。そのため、視覚による各段の高さに対応する調節の感覚が減少し、老人や子どもには危険が増すことになる。

運動場面では、スキーを例にとると、初心者は斜度を見ただけで怖く感じ、滑っていても速度が増すにつれ視野が狭くなり、後方に重心が移動するためますます加速してしまう。また、球技では高くあがったボールを捕るのに、距離・速度と自分の身体、手の位置が合わず後方へ落としてしまうことがある。この行動パターンは幼児や運動能力の低い者によくみられる。ラケットを使う卓球、テニス、バドミントンなどでは、さらに調節がむずかしいといえよう。優れた運動選手はより速いボールを投げ、より速いシュートやサーブを打つことができるが、それだけでも視覚という点からみると有利なわけである。

以上のように、視覚は明るさの変化の受容、光源の方向（方向視）、動きの見定め（運動視）、形の認知（形態視）、1対の眼球による距離の認知（距離視）、色別など高度の処理を行う受容器なのである。

2）聴　覚

聴覚は音の方向、音の重量感などの変化を感じとることで、日常行動や運動場面で活用される。たとえば、車に乗っているときの速度感は、加速時のエンジン音、窓を開けていれば風を切る音の変化から得ることができる。野球の外野手はボールがバットに当たった音で飛距離や方向をある程度よんで自分の守備位置を変更する。女子の体操の床運動、アイスダンス、シンクロナイズドスイミングなど音楽と身体運動をともにする競技には特別な能力が必要となる。この点では音を聞き分けることのできる音楽家と共通であり、また異なる点でもある。同時に聴覚器は平衡覚器と共存している場でもあり、運動場面では重要な感覚である。

聴覚器は外耳、中耳、内耳の蝸牛で構成されている。同時に平衡覚として内耳の前庭・半規管を含めたものから成り立っている（図-14）。

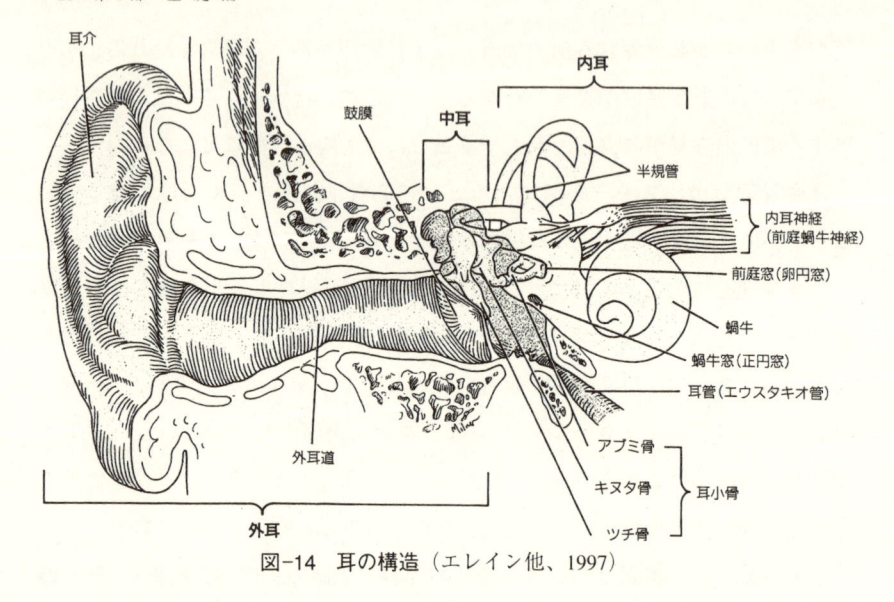

図-14　耳の構造（エレイン他、1997）

　外耳と中耳は鼓膜によって仕切られ、この膜によって外耳道より来る音を増幅して内耳へ伝達する。飛行機に乗っているときや水中に潜るときに耳が痛んだり圧迫を感じるのは、外気圧と内耳腔圧の差によって鼓膜が緊張するからである。中耳には3つの耳小骨があり、それぞれツチ骨、キヌタ骨、アブミ骨である。ツチ骨の一方は鼓膜に付着し、鼓膜の振動を伝える。

　内耳は側頭骨のなかにある管状をした器官であり、骨迷路と膜迷路からなる。骨迷路は前庭、骨半規管および蝸牛の3部に分けられる。膜迷路には、球形嚢、卵形嚢、膜半規管、蝸牛管がある。このなかで蝸牛管は聴覚をつかさどり、その他は平衡覚をつかさどる。

　空気中の音は耳介で集められ、音波が鼓膜を振動させる。鼓膜の振動は、鼓膜に付着している耳小骨を介して内耳の蝸牛へ伝えられる。3つの耳小骨は関節で連結され、テコの作用で振動を増幅し内耳に伝える。中耳には2つの筋があり、これらの筋は1,000Hz（ヘルツ）以下の音刺激に対して反射的に収縮し、低音に対する感受性を低くすることで耳を保護する。このような音刺激は興奮

という形で蝸牛神経を介して大脳側頭葉の聴覚野へ伝達され、音として感じとられるのである。

　音がヒトの耳に知覚されるためには、ある一定レベル以上の音圧（聴覚域）が必要である。ヒトの耳は2,000～5,000Hzで最も感受性が良いとされている。また一般的に、音の大きさは音波の振幅により、また高低は振動数により区別される。音色といわれているのは異なる振動数の音の混じわり方で決まる。学園祭などのバンド演奏は、密閉された教室内で行われることが多いが、このような場所で演奏を聴くと耳が痛くなることがある。このことは、音圧が大きくなりすぎて痛覚閾に達していることを示している。

　聴覚系の機能にはさらに音源の方向を推定するものがある。音源を正確に推定するためには両耳聴覚が必要である。すなわち、音の伝播速度は遠いほうの耳に遅れて到達するため、音の強さが異なることで方向を知ることができる。たとえば、右の方向から音が聞こえてくる場合、右の耳に比して左耳のほうが弱い音ととらえ、そこに差が生じることで方向を推定するのである。

3）　平衡覚（前庭覚）

　平衡機能の受容器は内耳にある卵形嚢・球状嚢の平衡斑と3つの半規管の5つであり、左右計10ヵ所でつかさどっている。静的平衡機能および直線加速の感知は卵形嚢・球状嚢により、動的平衡機能および回転加速の感知は主として半規管による。

　内耳は骨迷路と膜迷路から成り立っており、膜迷路は骨迷路のなかに埋まっている（図-15）。骨迷路は外側より蝸牛、前庭および骨半規管に分けられる。

① 卵形嚢・球状嚢の平衡斑

　前庭には、内リンパを入れている2つの膜迷路の袋があり、それぞれ卵形嚢と球状嚢がある。袋の内側には有毛細胞があり、その表面には炭酸カルシウムの結晶である平衡斑が接している。有毛細胞の毛は高比重の小顆粒がなかに包埋されているゼラチン様物質中に伸びており、ゼラチン様物質とその含有物は

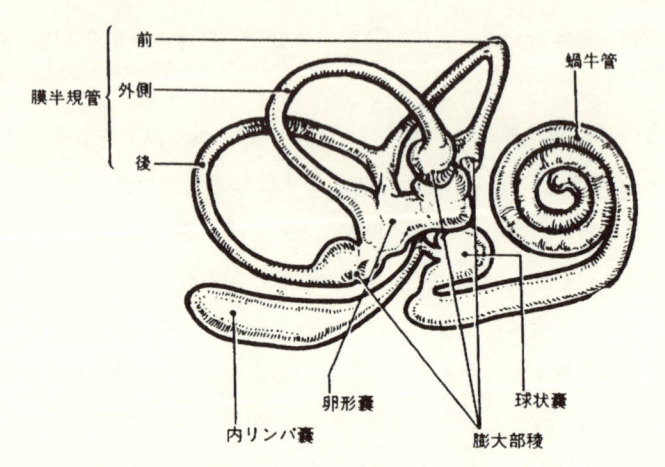

図-15　内耳（膜迷路）の構造（清木勘治、1984）

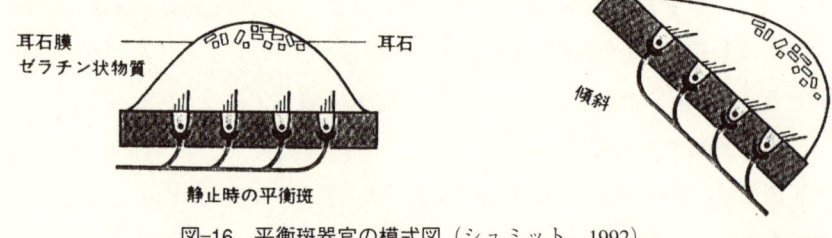

図-16　平衡斑器官の模式図（シュミット、1992）

まとめて耳石膜といわれる。頭部を静止状態から一方に傾けると、重力が耳石膜を偏位させると同時に毛が屈曲する。これが受容器に対する刺激となり、前庭刺激を経て脳に伝えられる（図-16）。平衡斑の主な有効刺激は重力であり、地表に対して垂直方向を感知すると同時に直線加速度（たとえば電車や車の急ブレーキや急発進）に反応する。

② 半規管

　前庭器には、上述の2つの平衡斑と異なる感覚系として半規管がある。半規管は主として回転加速度に反応するが、回転加速度は3つの軸に対応している。頭の動きは身体の垂直軸で回軸できる。また、前後方向と左右方向に傾けるこ

とができる。したがって、3つの回転軸におのおのの半規管が必要となる。そこで、これらを総称して三半規管とよぶ。それぞれは外側半規管、前半規管、後半規管である。各半規管には内リンパ液がつまっているが、管の1ヵ所に膨大部があり、この部位に感覚の受容器である有毛細胞がある。これはゼラチン様の膜に覆われた毛が突出している（膨大部稜あるいはクプラ）。頭が回転すると、半規管の内リンパはその慣性のため回転方向に反して流され、管の壁に付着している膨大部頂は流れの方向に偏位し、これにより有毛細胞が刺激される（図-17）。

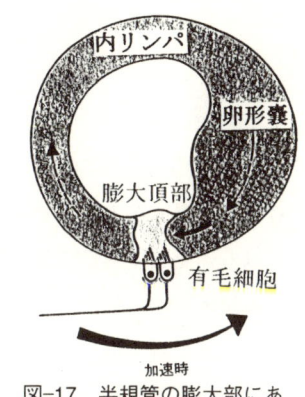

図-17 半規管の膨大部にある膨大部頂
（シュミット、1992）

　以上のように平衡覚は内耳にある器官が主になるが、視覚や筋、関節などの感覚（固有感覚）が統合された状態で適応している。たとえば、柱が真直ぐかどうかは自分の身体が床と平衡であることが基準となり、目で見て判断する。物体の場所を示す左右・前後・上下も自分の身体に対してということになる。落ちている物を拾う場合、バランスをくずすことなく身体を調節していることからもわかるように、各種の感覚が統合されて可能となるのである。

2．体性感覚

　身体のすべての組織には、先に示した特殊感覚器官とは別に、生体内外からの刺激を中枢神経に伝える感覚器が存在する。これらの感覚は総称して体性内臓感覚とよばれる。

　体性内臓感覚は体性感覚と内臓感覚に区別される。内臓感覚とは、満腹感、便意、性感、内臓痛などであるが、本書で問題にしている運動との関連は希薄なので、ここでは省略する。体性感覚は皮膚、関節、骨格筋、腱に存在する受

容器から得られる感覚であるが、さらに皮膚感覚（表在性感覚）と深部感覚（固有感覚）に区別される。

1） 皮膚感覚（表在性感覚）

皮膚感覚とは触覚（圧覚）、温覚、冷覚、痛覚などである。痛覚を除いて、それぞれの感覚をとくに感ずるポイントを触点、温点、冷点、痛点という。ここでは、運動と関連性の低い温覚、冷覚、痛覚については省略し、触覚についてのみ記す。

優れた寿司職人は、飯を掌にとった瞬間に一定量の重さ、大きさを決定する。また、寿司ねたをのせて両手で握る圧もコントロールする。スポーツ選手においても、テニスのラケット、野球のバット、剣道の竹刀、スキーのストックなどの握り具合を観察すると、あるポイントの場面を除き、力を入れていない。また、手に伝わる感触でボールの方向や飛距離、速度を予測する。力（圧）を感ずるのは、物体からの反作用としての抗力による。すなわち10kgの物をもち上げる場合、手に感ずる力の発揮（圧力）は10kgの抗力である。座るときは臀部に、横向きに寝るときは肩や腰や大腿部側面の皮膚に圧力を感じる。このように身体にかかる力は、それを支持する物体からの反作用としての抗力により感受されるのである。

触覚における触点は、部位によって分布密度が異なる。唇や手の指先などに多く、背部や大腿部などは少ない。このことは皮膚の空間弁別能をみることで理解できる。皮膚の触刺激に対する空間弁別能は、コンパスを用い2つの刺激が2点と識別できる距離を計測することで知ることができるが、この距離を2点弁別閾という。この弁別閾は触点の分布密度の高い部位では小さく、密度の低い部位では大きい値を示す。すなわち閾値が小さいということは、その部分の感覚が鋭敏であることを示している。

感覚刺激は、伝導路を経由する際に左右が交差し、たとえば身体右側の刺激は大脳の左側の体性感覚野にいたる。また、触覚には心理的役割もあり、発育

発達の面からも重要な要素をなしている。赤ちゃんが母親の乳首を口唇で感じとったり、抱かれたり頬ずりされたりすることが安心感につながるのは、その現れである。

2) 深部感覚（固有感覚）

深部感覚の受容器は関節・筋肉・腱であり、一般的に固有感覚とよばれている。この感覚によって手足の位置関係、各関節の曲げぐあいを認知し、運動に対する抵抗の大きさに対処することができる。したがって、眼を閉じていても自分の四肢の位置は認識できるのであり、暗闇でも同様である。川底がよく見えない状態においても足の関節・筋・腱が川底にある石の状態を感知して、滑りやすい、丸い、段差があるなどを知り、身体運動の調節をすることができるのである。

固有感覚の受容器は、皮下にある関節・筋・腱にある。関節にある受容器は4つに分類されるが、次のとおりである。

① パチニ小体

主として深層の関節包、半月、靱帯に存在し、加速度、関節位置の度速変化に反応する。

② ゴルジ・マツォニ小体

主として表層の関節包内層に存在し、垂直方向の関節包への圧力を感受する。

③ ルフィニ終末

関節内外靱帯に存在し、関節包の長軸方向伸展、関節の位置変化幅と速度を感受する。

④ ゴルジ靱帯終末

存在部位は関節内外靱帯であり、靱帯に対する緊張・伸展を感受する。

以上のように関節における受容器は、関節の位置と方向および動きの加速度を感受して、その情報を中枢へ伝達する。すなわち関節包に存在する受容器は、基本的に関節の位置と動きの感覚であり、力の変化を感受する受容器ではない。

筋・腱にある固有受容器としては、パチニ小体、ゴルジ・マツォニ小体などが複合的に存在し、主として筋紡錘に存在する。これは伸張受容器であり、筋の力学的感受性が優れている。すなわち、筋の固有受容器は力を感知する受容器である。このように関節は位置と方向、動きを感受し、筋は力の感覚を感受するようになっている。

固有感覚は、位置感覚、運動感覚、力の感覚の3つに分類されるが、その内容は次のとおりである。

① 位置感覚

ヒトは眼を閉じた状態で、他者に左腕の高さ、肘の角度を固定してもらうと、右腕で同様の状態を作ることができる。これは自分でやっても同様である。また、他者が左腕あるいは左脚のどこか特定の場所に指で接触したとき、この位置に対応する右腕・右脚の場所をほぼ正確に示すことができる。このように四肢の諸関節の角度を感受して手足の位置や方向を認識できる感覚のことを「位置感覚」という。

② 運動感覚

ヒトの運動は関節の動きに負っている。大きな動作は、膝・股・肩・肘などの関節可動域を大きく使う。膝の関節を用いて下腿を曲げたり伸ばしたりするとき、ヒトはその動きと方向、さらに速度を感知することができる。このような感覚を「運動感覚」という。

③ 力の感覚

スイカを買うとき私たちは、スイカの重さと大きさを経験的に知っているので両手でもち、そして上下に振りながら手にかかる感じからスイカの重さを知ろうとする。すなわち、手で触るよりもち上げてみることでその抵抗感を知り、重さを見積もることができるのである。このように抵抗に反して関節の位置を保持するのに必要な筋力を見積もる感覚を「力の感覚」 あるいは「抗重力感覚」という。

第3節　意識外の運動制御

1. 反　　射

　動物は外界からの刺激を受けた場合、求心性神経から中枢を経て遠心性神経を経由して効果器である筋を収縮させる。この一連の過程において、大脳皮質へ行くことなく直接、遠心性神経を刺激（シプナス結合）して行われる現象を反射といい、この経路を反射弓という。反射には、出生後に出現してからある一定期間で消えてしまうものと、ずっと続くものがある。そのため、乳幼児期の発育診断にも用いられる。

　1）　原始反射

　出生後より一定期間で消えてしまう反射のことで、主なものは次のとおりである。

①　モロー反射

　生後5ヵ月までにみられるもので、赤ちゃんを背臥位に置き、後頭部を支えた状態から急に手を離して頭を落としたときにみられる。このとき、両腕は大きく開く。急な音の刺激に対してビックリしたときに示す反応もこの反射である。

②　手掌把握

　赤ちゃんに手掌の小指側から棒状の物を触れさせると手指を曲げて棒を握る。この反射は生後4ヵ月頃までにみられるものである。

③　足底把握

　足底の指をこすると足指が曲がる反射で、一人立ちができる頃まで続く。

④　交差性伸展反射

　片側の足の底をこすると他の側の下肢が伸展する反射で、生後4ヵ月頃まである。

⑤ 非対称性緊張性頸反射

　背臥位にして頭部を回旋させると、顔側の上下肢が伸張し、後頭部側の上下肢が屈曲する反射で、生後1ヵ月頃に出現し、6ヵ月頃に消失する。したがって、この反射が消失せず残っていることは頸反射が統合されていないことを示している。

⑥ 対称性緊張性頸反射

　四つ這いにして頭部を背屈させると、上肢は伸展し下肢は屈曲する。また、頭部を前屈させると逆のことが起こる。この反射は生後6ヵ月頃に一時的に出現する。

⑦ ランドウ反射

　腹臥位にして空中で支えると頭・脊柱・下肢が伸展する。また、この位置で頭を前屈させると股・膝・肘の屈曲が起こる。この反射は生後3ヵ月頃から出現し12ヵ月頃に消失する。

　2）　生後に出現して以後持続する反射

① 下肢伸展反射

　足の底が床面などに接地すると下肢が伸展する反射で、生後2ヵ月頃一時的に消失するが、6ヵ月頃に再度出現する。

② バランス反応──座位

　この反応はヒトが座位で安定を保つために必要なもので、生後6ヵ月頃から出現する。背もたれのない椅子に座っているとき、側方や後方に押されるとバランスを保つように上肢が伸展したり外転する反射である。

③ バランス反応──立位

　この反応はヒトが立位で安定を保つために必要なもので、生後6ヵ月頃から出現する。立位を保っている状態で身体を側方や後方へ押すと、倒れないように上肢が伸展または外転してバランスを保とうとする反射である。

④ パラシュート反応

赤ちゃんを腹臥位にして空中に支えながら、急激に頭から落とすようにすると、それを防ぐように上肢を前方に伸ばす反応で、この反射も生後6ヵ月頃から出現する。

3） 出生後から永続する反射

① 足底反射（バビンスキー反射）

足の底のやや外側を踵から母指球に向かって機械的刺激を加えると、足の指が開くと同時に背屈が起きる。これは下肢に侵害してくる外界の刺激から逃げようとする反射である。

② 腱反射

代表的なものとしては膝蓋腱反射があるが、これは膝蓋骨の下部をたたくと大腿四頭筋が収縮して膝関節が伸展する反射である。

2．姿勢制御における反射

ヒトは斜面で立ったり、片足で立ったり、身体を支持する状態に応じてさまざまな静止姿勢を、無意識あるいは自動的にとる。このとき、主に作動するのが姿勢反射と立ち直り反射である。また、姿勢の保持は上位中枢から下位中枢によって制御されており、事故や疾病により特定の部位に異常があると特異な反射パターンが生じるため、リハビリテーション医学では評価の判断材料となる。スポーツにおいては、生得的な反射をより有効に用いたり、それを抑えたりすることが多くある。しかもそれは、意識する部分と無意識の部分を混在させながら行われる。

1） 連合運動

ゴルフボールを打つときを考えてみよう。静止しているボールをミートさせることを意識しながら運動するのだから、この動作は随意運動である。上手に打つという行為は身体の動きの制御である。それと同時に立って支える部分である姿勢または構えの調整が必要となる。この立つという行為は意識して行っ

ていない。主婦が台所で野菜を切っているときや、子どもが座って粘土遊びをしている場面においても、ある部位の固定があって可能となる運動である。落ちている物をひろうときにこうした制御が働かなければ転倒してしまう。このように姿勢調整機能が働いて起こる運動を、連合運動あるいは協調運動という。運動選手の優れた技術は身体の拮抗筋と固定筋の調節機能によってなされている。

  2) 立ち直り反射

 立ち直り反射は、空間における頭部の位置、体幹に対する頭部の位置、体幹に対する四肢の位置を正常な姿勢にもどす反射である。この反射は刺激を受容する部位と出力する運動パターンから次の4つに分類することができる。

① 眼から受容され頭部に作用する反射

 眼で対象物を見たとき、あるいは体幹が傾いたため頭部にも同様のことが起こったときに、頭部を水平位置に修正するよう働く反射である。これは②の迷路から起こる反射と同時に働く。

② 迷路から受容され頭部に作用する反射

 体幹の位置が垂直軸からズレたときに、頭部を垂直位にもどすように作用する反射である。公園などには、前後左右にバネで動くような木馬やブランコがあるが、子どもはこの反射を上手に使いながら身体のバランスを保っている。

③ 頭部から起こり体幹に作用する反射

 頭部を片側に回転させると頭部の筋が刺激され、それにともなって肩・腰・下肢　が順に連続して頭部と同一方向に回転する反射である。

④ 体幹から起こり頭部に作用する反射

 ③と逆に、下肢を回転させると反対のことが生じる。

 体操競技の空中動作やフィギュアスケートのスピンなど回転をともなう運動は、回転する方向に顔（視線）を先行する。また、介護の専門家は対象者を仰

臥位から背臥位にするとき、対象者の膝を曲げて倒していくと腰・胸・肩もそれに連続して回転するという反射を利用する。立ち直り反射における刺激に対する反応は、日常生活の行動やスポーツなどの基本パターンである。したがって作業療法・理学療法に携わる人やトレーナーは神経・筋の促進法として、しばしばこうした原理を用いる。知的障害児・者を対象とする基礎トレーニングとしても応用できるものである。

3) スポーツ動作における姿勢反射

　私たちが目にするスポーツ動作のほとんどが身体にねじれをともなう。ボールを投げる、打つ、ラケットを振る、走るなど、いずれもそうである。頭部と体幹および体肢の位置関係によって反射が起こり、スポーツ動作がより効果的になる。たとえば、足がつまずいて前に転びそうになったとき、私たちは両手をとっさに前に出す。この場合、足が中心となって前方への回転加速度が生じ、前述したように内耳の半規管、前庭器を刺激する。このとき、頭部の立ち直り反射が発生する。同時に頭部の位置は体幹に対して後屈した姿勢となる。この位置関係においては、上肢が伸展し下肢が屈曲する頸反射が起こる。すなわち、両手を伸展させる動作は頭部の後屈によるのである。このことを用いている例として、倒立やボート競技などのオール（手で握っている部分）を前に送り出す姿勢がある。

　一方、頭部を前屈する場合は、上肢が屈曲し下肢は伸展する。この姿勢は相撲で相手力士を引きつけるときにみられる。さらに、顔を左側にすると左側の上下肢は伸展し、右側の上下肢は屈曲する。この姿勢反射は野球の投手がボールを投げる直前にみられる。大半の運動は頭部の前後屈曲よりも左右の頸反射を用いている。このように、運動は左右非対象の動作で、しかも、ねじれ（先に述べた頭部から起こり体幹に作用する反射）をともなうことが多い。

　これらの運動は積極的に反射を用いている例であるが、反射を抑制する技術もある。たとえば、柔道にみられる受け身である。石につまずいた場合、本来

ならば手を前につく動作（頭部が後屈して上肢が伸展）をとるのに、柔道に熟練した人は前回り受け身を（頭部を前屈し回転を促している）をしてしまう。受け身という技術は、意識的に練習して身につけるものであるが、とっさのときにこの動作ができなければ意味がないものである。すなわち、随意運動としてトレーニングされた動作が、その練習過程のなかで姿勢反射に優先して無意識にできるようになるわけで、このような運動を自動運動という。

第4節　意識内の運動制御

1．随意運動とは何か

　随意運動とは意識して行う運動である。これは、あらかじめ動作の結果（目標）についてのイメージがあり、それに向かって運動行動を起こす。しかし、随意運動において、自分の動きのすべてが意識されているわけではない。たとえば、ゴルフの球を打つとき、球を見たり、自分と球の位置関係や両足の位置などを意識してスィングするが、一連の動作のなかで、膝の角度、左右の腰の高さ、足の指先の動きなどをすべて意識してはいない。日常に行われる歩行においても同様に、今現在、右膝の角度、左足の角度が何度かなど考えながら歩く人はいない。したがって、歩く動作そのものは意識外の運動である。

　ようするに、随意運動において意識するということ、あるいはイメージするということは、それまでの蓄積によって自動化された動作パターン（すでに意識しなくてもできる動作）や制御された原始反射、または反射運動をよび起こす操作ということができる。

2．随意運動が無意識にできる過程──動作の自動化

　小学校の体育の授業でよくみられるサッカーやミニバスケットボールでは、全員が球とともに移動する。一方、クラブチームなどで指導されている子ども

は、パターンを変化させながら、サッカーであればボールリフティング、バスケットであればドリブルなどをしながら全体をみてプレーする。ドリブルができるということは、ボールを見なくてもバスケットボールが自由に扱えることを意味しており、したがって相手の動きを見ながらゲームができるのである。

スポーツ技術に限らず、何らかの技術を身につけようとする初心者は動きがぎこちない。これは手足の動きや力の入れ具合について、すべて意識しながら行動しているからである。意識するということは毎回の動きに対し、試行錯誤しながら修正を加えていることを意味する。指導者から示された手本、あるいは自分が描くイメージと実際に成された結果の間に誤差が生じたために、その結果がフィードバックされるのである。この段階を経ると、バスケットボールでは球を見なくてもドリブルができるし、ラケット系のスポーツであればラケット面の向きを意識しなくとも正確に打ち返すことができるようになる。すなわち自動化された動作となるわけで、ここから先の技術は、いかに相手の動きをよむかといった高度なものとなり、集団で行うスポーツなどではとくにむずかしくなる。

3. 随意運動の制御——スキルについて

スキルは緻密性、熟練・上手・巧み、などと訳される。「巧みさ」を表現することばとしてよく使われるものには技能・技術などがある。「技能」とは客観的存在としての技術が個人の能力として立体化されたものであり、技術を営む能力である。また「技術」は一定の目的を達するのによく適合するように定型化され、自動化された行動様式、あるいは目的を達成するための方法となるひとつながりの作業系列と定義される。

技能と技術について具体的例で示すと、たとえば「ブリだいこん」という煮物をする場合、材料、分量、調味料の加減、だいこんの下ごしらえ（面取り）、ぶりの下ごしらえ（湯通しして水でさらす）などについては、いろいろなクッ

キングブックに書いてある。長い時間と多くの人の経験の結果としてこの料理は残されてきた。すなわち、この料理法は客観的に定型化された技術であるといえる。

しかし、この料理を何人かが作れば、同じ道具を使い手順どおりに作ったとしても、それは少しずつちがったものになる。その差異は運動の制御によるところが多い。包丁の特性を十分生かすためには刃のあて方はもとより、前後に大きく使ったり、上から下に真直ぐ動かすなどしなければならず、微細な制御によって料理全体の出来映えが少しずつ異なる。これが技能である。

また料理名（技術）が異なれば、それに対処する技能も変わる。今日、多くの技術がコンピューターによって正確に制御されつつあるが、なお職人としての技能が必要とされる場合も多くある。壁塗りで真平らな面を作ったり、レンズの面をくるいなく作るには、機械より職人の感覚のほうが優れていることがある。スポーツ選手の場合、一般的に技能と技術の両方をもち合わせており、両者を切り離しては考えられないので、ここではその両方のの意味を含めてスキルとする。

運動におけるスキルとは、身体が目的にかなった動きをするように諸機能を調節する能力である。目的にかなった動きとは「意志」が主体となるために随意運動であるが、運動の制御には前述したように反射機構、自動運動機構などの不随意運動制御能力も働く。しかしながら、「意志」が主体となり目的にかなった動きの制御をスキルとするならば、スキルとは随意的運動制御のことを意味することとなる。

4．スキルの分類

運動におけるスキルとは、体力（身体資源）である体格、筋力、持久力などを調節制御する能力を示し、大きく「状況把握能力」「正確さ」「素早さ」の3つに分類できる。

1) 状況把握力

これは主として感覚における入力面の能力であり、①運動感覚による自分の身体の位置や速度・加速度を認知する能力、②静的視覚による相手や自分の位置や物体（たとえばボール）の形に関する認知能力、③動的視覚による相手や物体の動きに関する認知能力、④相手や物体の動きに対する予測能力、などである。これらの要素は球技系のスポーツでとくに重要であり、高度な制御能力である。

野球を例にとると、外野手はグラウンドの大きさや奥行きを判断していると同時に、打たれたボールの速度を考慮して自分がいちばんよいと思われる位置に移動する。また捕球する際は「感じ」で手を伸ばすが、ここには当然予測する能力も必要となる。

2) 正確さ

この要素は動作を正確に行う出力面の能力であり、①状況に応じて力や動きの調節ができる能力（グレーディング能力）、②適切な時間に動作ができる能力（タイミング能力）、③同一条件において常に同じ動きができる能力（再現能力）、などである。

この能力の重要性は、運動のへたな人や初心者の動きにおいてよく理解することができる。運動の上手な人は必要以上に力を入れないし、必要以上の動きもしない。柔道を例にとると、初心者は相手に投げられまいと腰を後方へ引き、襟や袖を握る手に常に力が入っている。そのため相手をくずせないし、技がかけられなくなる。上手な選手は相互の動きのなかで最も適切な状況を見逃すことなくタイミングよく、しかも必要最小限の力や体肢の動きで相手を投げることができる。

知的障害児者の場合、力の調節は複雑な運動を除いて、限定された状況下ではトレーニングによって可能になるが、タイミング能力や再現能力（何度やっても正確に同じ動作ができる）は困難であることが一般的である。

3）素早さ

　この要素は敏捷性・反応時間に置き換えられる。素早さには①動作開始時の能力、②動作の切り替えに用いる素早さ、の2つがある。①は音や光など外界の刺激に対していかに早く反応するかであり、②はある予測をして動いているときに相手や物などの変化に対応できる能力である。

　筆者は、知的障害者の青年から中高年者を対象に、敏捷性の指標である反復横跳び運動を実施してデータを求めたことがあるが、その結果、加齢にともなう減少傾向はほとんどみられず、青年期よりすでに低い水準のままであった。スポーツにおいては陸上の100m競走や球技種目などで重要な要素であるが、一般的には特別の状況以外それほど高レベルのものを必要としない能力でもある。しかし、知的障害者の場合、外界の変化に対応できないと転倒などの危険が回避できないことがあり、この能力が低いことは問題となる。ただし、先にも述べたように、この能力をトレーニングすることはたいへんむずかしい課題でもある。

第3章　姿勢の発達と神経生理

第1節　姿勢の概念と優劣

　運動学で姿勢という場合、「構え」と「体位」の両者を合わせたものを指す。「構え」とは胴体が左右または前後に屈曲しているか、首を曲げているかなど頭部、体幹、四肢の身体分部の相対的位置関係を示す。「体位」とは身体が地球の重力の方向に対して、どのような関係にあるのかという人体の空間における物理的関係、つまり身体の長軸方向が地球の重力に対して平行であるか垂直であるか、どの程度傾いているかという位置関係を示す。

　「よい姿勢」に対することばとして「悪い姿勢」「不良姿勢」がある。姿勢の変化は心身の状態によって外見に現われてくる。片方の腰が痛いときや膝・足首などを痛めたときには、それをかばうような姿勢となる。精神的ストレスについても同様である。たとえば面をつけて演じる能では、悲しい場面を表現する場合、動きと同時に、うつむき、肩を落とす。面そのものは物にすぎないが、それを操作する人物によって生きている顔になるのである。これはヒトの喜怒哀楽の表情や姿勢を観察してできあがった演技法である。

　また、姿勢は疲労の度合や作業環境によって左右される。骨・関節・筋に問題がなく、配列がよい体格の人でも、同一姿勢を長時間続けると疲労が現われるが、それは血液の流れが停滞し、局所の酸素摂取が減少することによって起こる。したがって、静的な姿勢にあっては、少しずつその姿勢を変化させることで血液の停滞を軽減させることができるのであり、ほとんどの人は特別な場合を除き、無意識にこの操作を行っている。たとえば寝返りをうったり、長時

間電車で座っているときには左右の足を組みなおしたり、長時間立っているときには左右の足にかける重心を変化させるなどである。

これらの不良姿勢の多くは一過性のものであり、生活習慣の変容、作業環境の改善、疾病の治療などにより原因を除くことで矯正することができる。ところが、中枢神経系に問題がある場合や長期間による骨関節疾患は永続性の不良姿勢となる。

1. よい姿勢

1) よい姿勢の基準

よい姿勢を定義するためには何をもってよいとするかの基準が必要となるが、猪飼道夫は次のような視点からよい姿勢を定義している。

・力学的に安定している

・生理学的に疲労しにくい

・医学的に健康である

・心理学的に心地よい

・美的に美しい

・作業能率がよい

2) プロポーションからみたよい姿勢

プロポーションとは物体の距離・量などの相対的比率を示すものである。人体の場合は、各体節・部分の占める比率から理想的な基準が定められる。西洋人の計測でよく用いられている方法は、立位姿勢で鼻の下端から恥骨結合までの長さを脊柱の長さに等しいものとみなして、その4等分を基準単位とし、この単位を生体の各部分にあてはめ、一致するか否かをみるものである。

この方法では、理想的なプロポーションは、身長が頭長の8倍（いわゆる八頭身）、手長の9倍、足底の7倍となる。C.H.シュトラッツ（C.H. Stratz, 1922年）によると、新生児で4頭身、2歳で5頭身、4歳で5.5頭身、6歳で6頭身、

12歳で7頭身、25歳で8頭身になるとされる。へその位置では、新生児では身長の50％、25歳では60％にまでなり、加齢とともにへその位置は身長の中心より上方に移行していく。

日本人にこれらのことがあてはまるとはいえないし、知的障害児者に関するこれらの研究成果はほとんどないが、発育発達のひとつの指標としてボディ・プロポーションの分析は興味深い。

3） 重心線からみたよい姿勢

解剖学的には、立位姿勢において体各部の重心が1本の垂線上に配列されていることが望ましいとされる。頭部の重心は環椎後頭関節（後頭骨と頸椎の関節）の回転軸の前5㎜を通り、股関節から上部の重心線は左右股関節を連ねる回転軸の後8㎜を通り、膝の重心線は膝関節の前10㎜を通るのがが理想とされている。外見からみると重心線は、鼻孔、肩甲関節の中心、膝関節の前面、足蹠の中央か、やや踵寄りを通る（踵の所から前方4.93±1.95cmの所）。

よい姿勢は耳下垂線と重心線が一致しているのである。

4） 足底部にかかる体重配分比

長期間使用した靴は人によってその靴底の減り方が異なる。右側の外側、あるいは左側の外側だけが顕著に減るといったように一様ではない。姿勢の悪い人、骨盤や脚に問題のある人にこうした現象が起こる。足底部にかかる体重配分比をみる計測器にスタティコメーターがある。D. J. モルトン（D. J. Morton, 1935年）は理想的な直立姿勢における体重配分比について、体重配分比は踵部に3、母趾を除く四趾部に2、母趾部に1の割合で配分され、したがって、足底部における前後の体重配分比が3対3となるのが理想だとしている。

2．体位を主とする姿勢の安定性

体位とは身体が重力の方向とどのような関係にあるかを示すもので、基本的には立位、座位、臥位などで表現される。ここでは立位での安定性について述

べる。立位における安定性は次のような原因によって左右される。

1) 基底面が広い

　基底面とは支持面の大きさを示すものである。たとえば、両足をそろえて立つ場合と開いた場合とでは後者のほうが基底面が広く安定性が高い。この面積が広いということは重心線が移動したとしても、基底面内に落ちるために倒れにくいことを意味する。基底面を広くする方法として右あるいは左足を斜め前に出すことがある。また先に示したように足を大きめに開く立位によっても安定性は高まる。基底面に関しては接地面の摩擦抵抗も安定性に関係してくる。摩擦が安定性に影響するのは、質量の慣性力と同様に、運動しているときの外力が作用しているときがある。

2) 重心が低い

　重心が低ければ、同じ基底面でも、より大きく傾くまで倒れない。スポーツではよく「腰が高い」などといって安定性を問題にするが、幼児が転倒しやすいのも身体全体に対して頭部が重く、全体として重心が高いことが原因のひとつである。

3) 重　い

　体重あるいは質量が重いということも安定性に関係する。同じ基底面で同じ重心高ならば、体重が重いほうが倒れにくい。力士にとって体重が重いことが競技成績に直接影響することからも理解できる。

第2節　立位姿勢時の抗重力機構と基本姿勢

1．抗重力機構

　ヒトが重力に抗して立位姿勢を保持する働きを抗重力機構という。このとき働く筋を抗重力筋という。抗重力筋において、身体前面に位置するのが頸部屈筋群（あごを引く筋）、腹筋群、腸腰筋（骨盤前面より腹腔内を通り腰の骨に

着く筋)、大腿四頭筋(太もも前面の筋)、前頸骨筋(すねの筋)である。後面では脊柱起立筋、大殿筋、ハムストリング(大腿部後面の筋)、下腿三頭筋(ふくらはぎの筋)である。

　抗重力筋に関して、重心線が脊柱線および各関節を結んだ線より前方にあるか後方にあるかによって、重力は直立姿勢を前方または後方に倒すように働く。一般的に重力は姿勢を前方に倒すように働き、それに対して抗重力筋は拮抗して姿勢を後方にもどすように働く。したがって、立位姿勢の保持においては、後面にある抗重力筋が重要な働きをしており、これらの筋群のことを主要姿勢筋群とよぶ。

2．立位の基本姿勢

　姿勢は、基本姿勢および応用姿勢、さらに体幹・体肢相互の位置関係まで含めると、複雑なものに分類される。M. ホーリス(M. Hollis, 1981)は臥位または背臥位、座位、膝立ち位、立位、懸垂位の5つを基本姿勢として分類しているが、ここでは立位について紹介する。

　立位とは上肢を体幹につけ、つま先を軽く離す姿勢であり、立位から派生する姿勢として、次に示す5つがある。

① ハイ・スタンディング high standing

　台上の立位で、安定性のトレーニングを行うときに用いる。

② ステップ・スタンディング step standing

　片方の足を他の足よりも高所においた姿勢で、階段などの昇降時に体重移動を伴う姿勢である。

③ ハーフ・スタンディング half standing

　片足の立位のことで、両下肢を伸ばしたまま身体を傾けて、片方の足を床から離すか、片方の足の股関節と膝関節を屈曲し、もう片方の足ををを挙げた姿勢である。

④ クローズ・スタンディング close standing

　別名をロンベルク肢位といい、両足のつま先から踵まで密着させた立位姿勢である。この姿勢では支持基底面が狭くなると同時に、一定角度をもって交差していた両足関節の運動軸が一直線上に一致する。したがって、前後傾のバランスを保持するための筋の相互作用が増加するために姿勢保持が困難となる。

⑤ トオ・スタンディング toe standing

　両足のつま先立ち位で、立位姿勢のなかでは支持基底面が最も狭い姿勢である。

第3節　姿勢の発達

　ヒトの運動は出生後、体幹部と四肢部の運動とに分化していく。体幹の運動はさらに、立位姿勢の獲得と移動運動とに分化していく。歩行という運動様式は、立位での平行能力が確立され、体重移動の連続ができるようになって可能となる。

　姿勢制御の発達と移動運動様式の発達は、ある一定の順序によって成り立っている。運動の発達は体幹部から近位体幹部（肩・腕・大腿部）、体肢末端部へという具合に、大きな筋群から小さな筋群へと進んでいき、移動様式の獲得は、首がすわる、寝返り、腹臥位での後ずさり、腹ばい、四つ這い、つかまり立ち、立つ、歩行の順に進行していく。したがって、首がすわらないのに寝返りをすることはできないのである。

　動作の発現時期や、音や光などの外界の変化に対する興味や反応のしかたにも一定の順序がある。運動の発達は、筋系・神経系の発達に依存しているが、姿勢の変化・発達も同様に筋・神経系の発達に依存している。なぜならば、身体運動は各姿勢の連続的変化であり、四肢と体幹の位置関係の平衡と身体の平衡が保たれることによって起こるからである。したがって、筋系・神経系の発

達が十分でない段階で歩行器を使って歩行動作を促すことは、股関節の脱臼や膝関節の過重負担につながる。現在の日本の住宅は多くが狭いため、椅子やテーブルなどを使ってのつかまり立ちが早期になるケースがあるが、こうした早期のつかまり立ちは、乳幼児の発育に好ましくないといえよう。

　神経系の発達は、下位中枢より上位中枢へと進行するが、この発達順序と姿勢の関係は次のようなものである。すなわち、脊髄レベルの発達過程では反射による四肢の運動であり、橋レベルになると重力に抗して姿勢の基本パターンができる。さらに中脳レベルまで発達してきて首がすわり、座位、寝返り、這うことが可能となる。皮質レベルまで発達すると、平衡反応が獲得され、つかまり立ち、つたい歩きなどが可能となる。これらの神経系にともなう姿勢制御の発達は、個人差によって必ずしも年齢と一致するわけではないが、ほぼ年齢にともなって獲得されるといえる。

1. 基本姿勢における年齢的特徴

　基本姿勢の保持・制御は、筋・神経系の発達とともに獲得されていく。したがって、仰臥位、腹臥位、座位、立位姿勢の保持・制御においては、各年齢段階で筋系・神経系の発達度をみることができる。

　1）仰　臥　位

　新生児は仰臥位では頭を側方に向けており、股関節の屈曲、上腕・大腿の外転傾向がみられる。この段階では、重力に抗して身体の各部位を支える首・背部の筋が発達していないために、これらの張力は長く続かない。また、上下肢の伸展・回旋運動は少なく、四肢の運動は反射的なものである。

　乳児期における仰臥位は首の位置が姿勢に影響を与える。すなわち、緊張性頸反射によって下肢・上肢の運動に関連していくのである。また、四肢の屈曲が優位であったものから、屈伸両筋の拮抗的な調節が徐々にできるようになる。それにともなって、上下肢は外転位から内転位を保つように変化していく。

2) 腹臥位

　新生児における腹臥位の特徴は、上肢をアルファベットのW状、下肢をM状に保つことである。また頭部については左右に回旋が可能である。背筋群の発達が出現してくる生後1ヵ月頃になると、背屈しながら首を回旋しようとするようになり、生後5ヵ月頃には寝返りが可能となる。

3) 座位

　座位姿勢の保持は生後4ヵ月頃から床に両手を着き、基底面を広くすることで可能になる。6ヵ月頃には頸部と体幹部の屈伸筋の協調が保てるようになり、支えなしの座位が可能となる。頭部の動揺が安定して、体幹を垂直に伸ばした座位姿勢の維持が可能になるのは生後7～8ヵ月頃である。

4) 立位

　力学的にみた立位の安定性は、基底面の広さ、重心高の位置、重心線が基底面内にあることである。基底面から各基本姿勢を比較すると、仰臥位・腹臥位が最も基底面積が広く安定しており、次いで座位、四つ這いであり、最も面積が狭いのが立位姿勢である。そのため、より高次な姿勢制御が必要となる。乳幼児にとって立位が困難なのは頭部が重く大きいためである。すなわち、身長に対する重心の高さが成人に比して上方にあるからである。したがって、下肢と腰部の伸筋群の協同作用が可能にならないかぎり、座位から立位には移行できない。年齢的には、つかまり立ちができるのが生後約10ヵ月、一人立ちができるのが生後約1年である。この頃の姿勢の特徴は、腹部の突出もあるが、腰部において前彎、背部で後彎位をとることである。

2．姿勢制御における運動過程と感覚過程の統合

　姿勢の調整・安定に関する機構は、運動過程と感覚過程の統合によって成り立っている。運動過程とは体幹・体肢の筋群の働きによって、身体の動揺を最小限にとどめ、重心線が支持基底面内にあるように調整するものであり、感覚

過程とは視覚からの情報、前庭系からの情報、足底部や下肢の関節・筋・腱などによる体性感覚系からの情報を調整する機構である。

　姿勢は複数の筋群の調整と感覚の入力による統合で成り立っている。しかし、常時これらの感覚系すべてを用いているわけではない。主となるものと副となるものの選択や、いざという場面で用いる必要など、出力パターンの変化にともない感覚入力パターンも変化する。このことは、ある感覚系に一時的な異常・機能低下が発生した場合に、他の感覚系を用いて安定させようとするようなことともなる。たとえば視覚が遮断されたときとか、遊園地のコーヒーカップなどの遊具で目が回ってしまったときとか、長時間の正座によって足がしびれてしまったときなどに適応する能力である。このように中枢神経系による姿勢制御の機構には、多種の条件に対する適応力がある。

　姿勢の安定性について、幼児と老人は不安定なことが多い。すなわち、姿勢の制御においては、ヒトが有する複数の感覚系のなかで主として視覚系と前庭系が働くが、それらの働きが主となることは中枢神経系の成熟度・経験によって決められるため、幼児には未発達であり、また老人は視覚系の依存度が高く、視覚機能が低下することで不安定さが増すのである。幼児については、4〜6歳頃から姿勢制御のパターンが視覚系主体から視覚系に加え体性感覚系との統合パターンへと変化していく。

　知的障害児者に対するトレーニングでポイントとなるのは、複数の感覚系による入力のなかで、どの感覚系が主となって制御しているかである。言い換えるならば、どの感覚系が弱点となっているかである。あるいは個々の感覚系は十分機能しているが統合パターンが不充分なこともある。すなわち、対象者が感覚入力の間に矛盾を生じている場合、どのような適応を示すか、また身体動揺を最小限に抑えようとするのに、どの感覚系を利用しているかを観察することが重要となる。そのことによって、体性感覚系を主とするトレーニングを課題としたり、複数の感覚を統合させるような課題を選択するなどの必要性が生

じる。

　実験室レベルにおける身体動揺の評価には、重心動揺計を用いる。まず両足圧中心の位置を記録する。その後、これらの占める面積、移動距離、前後方向と左右方向の振幅などによって評価する。さらに、どの感覚を主として制御しているかを検討するために、前庭系入力だけを残したり、体性感覚だけを除去したりして、これらの数値を比較するのである。

第4節　疾患にともなう異常姿勢

1．神経系に起因する姿勢

　神経の疾患部位の違いごとに、異なる姿勢・体位が観察される。以下に代表的な疾患にともなう姿勢を示す。

　1）　ウェルニッケ・マン姿勢

　脳卒中による片麻痺の後遺症である。特徴としては、重心が健脚側にあり、患側上肢の肩関節は屈曲・外転・内施位、肘関節は屈曲位になっている。前腕は中間位で回内位となり、指は屈曲位をとる。患側下肢の股関節は屈曲・外転・外施位であり、股関節と足関節は伸展位になっている。こうした姿勢は歩行時や精神的緊張時に顕著に現われる。

　2）　痙性四肢麻痺

　脳性麻痺患者特有の姿勢である。頭部と体幹部は前傾し、両上肢は肩関節が屈曲・外転位、肘関節は屈曲位をとり、前腕は回内位にある。両下肢は股関節が屈曲・内転・内施位をとり、膝関節は屈曲位、足関節は底屈位をとる。

　3）　パーキンソン病

　この患者にみられる姿勢は、頭部がやや前方に出て屈曲位をとるものである。上肢は力が抜けたように垂れ下がり、肘関節・股関節・膝関節ともに屈曲位をとる。歩行時は舞踏状の動きが特徴となる。

4) デュシェンヌ型筋ジストロフィー症

この患者にみられる姿勢は、胸部が前方に出て反り身になるものである。

5) 知的障害児にみられる例

知的障害児で筋低緊張をともなう姿勢において特徴的なのは、上肢で支えた座位、背を丸めた座位、腹と尻を突き出した立位、膝が逆に反った下肢（反緊張）、外反偏平足などである。また、背臥位を好み、腹臥位を嫌い、座位については、長坐・あぐらなど、足が身体の前方にある座位を好み、横座り、正座などを嫌うことが多い。

2．骨・関節の変形による姿勢

1) 骨盤傾斜角度

脊柱は身体の側面から見ると、頸椎と腰椎が前方に弯曲し、胸椎と仙椎は後方に弯曲している。この生理的弯曲は乳児期から幼児期にかけて、腹臥位で頭をもち上げる→座る→立つ過程で形成されてくる。この生理的弯曲が不整であったり、極端な凸凹がある場合は、異常な姿勢となる。

身体側面から見た脊柱弯曲の異常は、骨盤傾斜角度と関係が深い。正常な骨盤傾斜角度（恥骨結合と両上後腸骨棘を結んだ線と水平面の角度）は28～30度である。この角度が20度以下の場合は平背や円背になる傾向がある。40度以上の場合は凹背（ヒップが後方へ突出し上部の胸椎後弯が少なく、したがって幼児体型のような姿勢となる）や円凹背（胸椎の後方弯曲を含む）となる傾向が強い。

知的障害者の姿勢を側面より観察すると、骨盤傾斜角が大きく、凹背、円凹背であることが多い。しかも、運動不足により肥満してくると、腹部の突出が加わり腰部への負担が増大する傾向を示す。

2) 脊柱側弯症

脊柱側弯症は、背面から見たときに脊柱が弯曲していることをいう。脊柱弯

曲で代表的なものは、小児から思春期にかけて発生し、とくに女子に多い突発性側弯症である。診断の方法としては、背面から見たときに両肩の高さが異なる、両肩甲骨の高さが異なる、ウエストラインに左右差がある、また前屈させ正面から見たときに背部・腰部の高さが左右異なるなどである。

一過性の側弯としては、腰痛などのときにみられる疼痛性側弯がある。腰痛時の座り方、立ち方、歩き方には、無意識のうちに痛みを軽減する方向に側弯を生じさせることによって身体全体のバランスをとるという特徴がある。これは痛みに対する防御反応であり、筋緊張異常によって生じるものである。したがって、痛みがなくなれば側弯もなくなる。

3) 股関節・膝関節疾患の姿勢

片方の股関節に内転や外転位拘縮がある場合は、左右の脚の長さに差が生じ、それにともない骨盤は傾斜する。この傾斜に対して頭部は一定に保とうとし、そのため脊柱を代償的に側弯させるよう働く。膝関節の疾患についても同様のことが起こる。膝関節角度は、新生児から乳幼児までは O 脚であり、立位から歩行ができるようになると X 脚となるが、成人で15〜20度の生理的外反をともなう。O 脚・X 脚の原因は、骨折、リウマチ、大腿部の変形などであるが、このような下肢の異常は姿勢にも影響を及ぼす。

第Ⅱ部　実践編

第1章　屋内のプログラム

第1節　プロジェクト・シードと障害児の感覚統合トレーニング

1．プロジェクト・シードの概念

　シード（seed）とは「種・発芽」の意味である。種が発芽するには土、水、日光、栄養素などが必要であり、発芽させるには時間と手間がかかる。

　私たちがYMCA福祉スポーツ研究所において1997年からスタートさせた、知的障害児を対象とした運動トレーニングの実践は、プロジェクト・シード（Project Seed、以下ＰＳと略す）と名づけられた。種の対象としては、障害児だけではなく、プログラムに参加するスタッフ、ボランティア、両親、すべての人が含まれる。プログラムがあることによって、対象児は新しい運動体験ができると同時に可能性を見出す。また、年齢の異なる多くの人と知り合うことで社会性を身につけるであろう。スタッフやボランティアの参加者は、障害をもつ子どもたちのあらゆる面を観察し、両親との会話から親が子どもを思う気持ちを学び考えるだろう。また、この分野は先行研究が少ないために、常に試行錯誤のなかからよりよい運動方法論を見出す場ともなる。

　このプログラムは、そうした願いをこめてスタートしたのであり、プロジェクト・シードという名称は、それぞれが自分の可能性を模索し、種が発芽していくようすを示している。

2．ＰＳで考える体力

　体育学における「体力」という概念には、身体的要素と精神的要素の両者が

含まれ、さらに行動体力と防衛体力の2つに分類される。

そのうちの行動体力とは、身体的要素においては、より積極的にあらゆる環境の変化に働きかける能力のことであり、形態（体格・姿勢）、機能（能力・持久力など）からなる。さらに精神的要素として、意志力、判断力、意欲などを含む。一般的には、行動体力とは狭義に身体的要素のうちの機能面を示すことばとして用いられる。また最近は、これをエネルギー供給能力からハイパワー、ミドルパワー、ローパワーの3つに分類する。

PSの概念はこうした体力に加えて、神経発達的視点を含めている。神経系の発達過程は個体の発生過程と重なるが、それは姿勢や運動能力の獲得と一致しているからである。すなわち、生後まもなく背臥位の状態から立位、歩行にいたるまでは、ある一定の原則にのっとっている。原則の一例としては、①頭部から尾部への成熟、②中枢部から末梢部へのコントロール、③全身運動から各部分の分類された運動および協調運動、という過程があげられる。障害のある人は、こうした発達過程に多くの問題があるため、その運動トレーニングには神経発達に対応した運動能力の視点が重要となってくる。

3．PSのスタッフ体制

スタッフ体制は、マンツーマン体制をとっている。対象児にとっては、初めての体験・場・人という条件においてプログラムに参加することは、大変不安なものである。また、10人参加すれば、その10人が性格や体力レベル、障害の度合いなど、すべてにおいて異なる。PSでは、こうした不安や個人差を考慮し、マンツーマン体制をとっているのである。さらに心理的な安定感をもたせるよう、対象者には常に同じスタッフが原則として配置される。そこに行けばいつも自分のそばにいてくれて、常に励ましてくれる人がいることは、新しい運動体験の獲得において重要なことと考えるからである。またそのことによって、各種運動技術のつまずきに対し、その原因が道具立ての問題なのか、援助

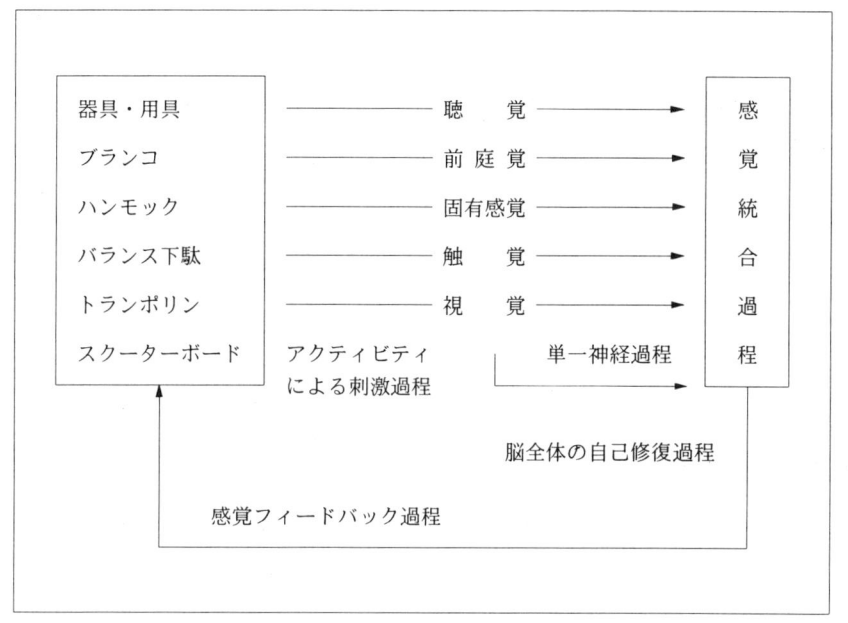

図-18 感覚統合トレーニングにおける神経系の流れ

器具・用具			感
ブランコ	聴覚 →		覚
ハンモック	前庭覚 →		統
バランス下駄	固有感覚 →		合
トランポリン	触覚 →		過
スクーターボード	視覚 →		程

アクティビティによる刺激過程 / 単一神経過程 / 脳全体の自己修復過程 / 感覚フィードバック過程

の仕方なのかをより早く分析でき、改善と同時に安全を配慮することも可能となる。

　障害児を対象とした運動プログラムには定型化された方法論というものがほとんどない。加えて、基礎データの蓄積もほとんどない。そこでPSでは、1997年に開設されたYMCA福祉スポーツ研究所と連携して研究的側面を強化することとした。YMCA福祉スポーツ研究所は、対象児の身体計測を行い、身体各部の周径囲、身体各部の厚さ、身体組成について数量化する。すなわち、実践と研究をリンクさせ、交互に目標、測定、トレーニング、評価を繰り返していくのである。

4．感覚統合トレーニングの原理と視点

　感覚統合トレーニングの原理は、感覚入力のコントロールを通して適応反応

を誘発していくことである。感覚刺激の内容は、とくに身体の動きを通し、前庭感覚(直線・回転加速度)の入力、筋・関節・皮膚からの体性感覚であり、これらの感覚入力を脳で統合し、適切な反応として出力できるように導くことにある(図-18)。

感覚統合指導の原則は、A. J. エアーズ (A. Jean Ayres, 1975年) によると、①触覚と前庭系の健常化を図る、②姿勢反射の統合と平衡反応を発達させる、③身体両側の協調性を高める、④視覚形態と空間知覚を発達させるの4点である。この順位はヒトの個体発生過程を反復させると同時に外乱刺激を意図的に与え、それに対する適応反応を促す方法を提唱するものである。

これまで、こうした運動(遊び)のバリエーションは、スクーターボード、ハンモック、空中ブランコなどを組み合わせながら実施されており、道具の種類と感覚刺激の関連性と評価はについては、佐藤剛(1975年)が活動分析として報告している。この報告では、各遊具に対して各感覚刺激の種類、身体の位置、動きの方向、刺激の強さなどを分析している。刺激の強さは、各感覚刺激について一般日常生活の経験レベルを0とし、弱(1～2)、中(3～4)、強(5～6)の6段階で示している。この分析は、客観性については検討の余地があるが、一応の目安となろう。

エアーズが提唱している段階別指導原則にのっとった遊びと、佐藤による遊びの分析は、感覚統合の理論的背景としてほぼ整合性をもつ。しかしながら、遊びの組み合わせは無限に存在する。また障害児の指導において必要な原則にスモールステップの法則がある。ところが、これまで各種目(遊具の遊び)ごとに、よりやさしいものから困難なものへと分析し、配列したものはほとんどない。

そこで本プロジェクトでは、障害児の感覚統合トレーニングを種目ごとに細分化し、スモールステップの方法論を具現化することにつとめた。

5. 運営の実態

　ＰＳの対象児は、神奈川県在住の障害児（知的障害・学習障害・その他重複障害）40名である。プログラムは、毎週火曜日（16:30～17:30）・土曜日（14:00～15:00）の2クラスで各1時間実施している。場所は、厚木市のＹＭＣＡ健康福祉専門学校内の体育館。プログラムの運営・実践は、同校の学生ボランティアによって行われている。組織は、プログラムリーダーを中心に個別担当者（常に同一対象児に対しマンツーマンで観察・支援し、両親とのコミュニケーションをもつ）、種目担当者（道具の開発、安全管理、指導法の開発を担当する）、測定担当者（対象児のバランス能力、身体組成などのデータ収集・管理・分析を行う）の3グループに分けてある。

　1）　指導形態

　感覚統合療法における治療形態の原則は、個別的アプローチである。すなわち、1人のセラピストが複数の対象児をみることでは、個々のニーズを満たすことができないからである。本プログラムでは、異なる年齢・障害をもつ対象児を同一の時間帯で同一の場所で実施する。したがって、原則からはずれている点を改善するために、個別担当者は，常に同一対象児をみるようにした。個別担当者は、対象児との信頼関係の確立に努力し、子どもに不安を与えないようにしている。対象児と学生リーダーの関係は、対象児の内的欲求、自発性を重視するという原則に立っており、モチベーション（動機づけ）と自信が重要な要素となる。すなわち、担当リーダーは、常に対象児の反応を客観的に観察しながら、感覚と運動を統合させていくための方法論、問題点を考え、時に応じて、やさしい態度、きびしい態度で接するようにしている。

　2）　対象児理解

　感覚統合トレーニングは療法という視点からとらえるならば、評価と一体でなければならない。ここで問題となってくるのは、指導スタッフの専門性と質ということになる。すなわち、優れた指導者は対象児に対して現段階の診断的

評価、治療に用いる遊具に対する感覚刺激の種類と質、適応反応の種類と発達レベルを分析できる能力が必要となる。一般的に診断評価は、医師による医学的診断、心理的診断、症候診断にみた症候テスト、多種多様な臨床観察評価、教師や両親によるチェックリストなどがあり、これらの総合的評価からプログラムの内容と期待できる成果が導き出される。こうしたプログラム展開を実施できるのは、医師と感覚統合について熟知したセラピストの連携によってのみといえよう。

　本プログラムの実施のあたっては、社会体育・福祉という視点から、より対象児の身近（地域）での展開を探った。本来ならば、ＹＭＣＡのような組織体と医師、セラピスト、教師が一体となって多くの地域で展開されることが望ましいであろう。しかしながら、現段階ではこれらの条件をすべて整えることができない。障害をもつ多くの両親が活動できる場を求めても、それに応える機関があまりにも少ないのが現状だからである。したがって、まずは実際にそうした場を提供し、すでに確立されている感覚統合の理論と実践に加え、体育学的領域、福祉的領域の要素から展開した。したがって、現段階では、こうした実践を通して問題点がより明確にされた時点で、それぞれの専門家に相談するようにしている。本プログラムでは、対象児を理解するうえで以下のようなことを行っている。

① 面接・メンバー原簿

　参加に先立ち、両親とスタッフがミーティングを行い、両親が求めているもの、障害の程度などを聞くと同時にプログラム内容について話し合う。次に障害児の全体像を把握するために、障害のようす（パニックになったときの状態や自傷行為がひどい状態かなど）、日常生活上とくに注意してること、医師から受けている注意事項、日常よくみられる動き（こだわりや興味の種類、好きな動作、嫌いな動作等）などが明確にできるメンバー原簿を両親に提出してもらう。

② 連絡帳——個別担当者と両親との関係

　個別担当者はプログラム開始前に両親と面接し、1週間の変化（学校でのようす、家庭でのようすなど）、前日・当日の体調、プログラムに対するニーズなどを聞いて両親との関係を密にすることを重視している。また、担当者は連絡帳を用いて、今回行ったこと、次回の目標、観察記録などを記入し、プログラム終了時に渡す。このノートには次回までに対象児の体調、意見などを書いてもらい、プログラム開始前の面接時に受け取る。プログラム中に観察される行動は一場面であり、この一場面のみでその対象児のすべてを理解することは困難だからである。また、両親の子どもに対するしつけの仕方や期待は個々の考え方によって異なる。したがって、個別担当者と両親が、発達をうながす子どものしつけや接し方について共通の基本的理解をもつ必要があり、そのためにもこれらの面接や連絡帳が有効である。

③ 個別担当者・観察シート

　個別担当者は、対象児の遊び種目での問題点、対応の仕方について毎回観察シートに記入する。このシートには、対象児の健康状態、できなかった種目に対してなぜできなかったのか（道具の質、種類、大きさ、助言、援助方法など）などについて細かく記録していく。また、プログラムリーダーは、プログラム全体の流れを体育館の2階から観察し、個別の種目担当者の動き、道具のようす、対象児の遊びに対する意欲、適切な姿勢反射が出現しているかなどを別に記録する（個別の種目担当は一部分のみに集中しているために、全体のようすを見ていないことが多い）。

④ 問題行動に対する対処——養護学校教師と担当者との関係

　プログラムのなかでは、自閉症児によくみられる聴覚刺激に対する異常反応、こだわり、問題行動などが多くみられる。こうしたことへの対処の仕方としては、両親の意見を聞くと同時に、その子どもを長年担当している教師からも話を聞いて、学校での反応や基本的な接し方（その対象児に特有なことと

共通していることなど）について助言してもらうなどしている。
⑤　事前・事後のミーティング

　毎回プログラム後は、研究所スタッフ、プログラムリーダー、種目担当者がミーティングを行って、問題点を指摘し合い、改善点を明確化する。また、プログラム前には、前回出された改善点が実践の場面に適合しているか、全体の流れに適合しているかなどを確認する。

6．安全体制

　1）　各遊具とプログラム全体の安全管理

　感覚統合に用いられる遊具の機能の原則は、①安全であること、②種々の感覚統合をさまざまな体位（腹臥位、背臥位、直立位、座位など）で行えること、③遊具そのものの魅力性、④目的に応じてさまざまな使い方ができること、の4点とされている。

　プログラムの安全管理は、用いられる遊具そのものの管理でもある。本プログラムでは、種目担当者が個々の目標に対し上記の4点を考慮し、毎回改善を加えると同時に、運動のバリエーションや方法論を検討しながら当日の安全点検を実施する。プログラム全体の安全管理体制は、欠席や体調のようすなどの情報を各個別担当者から全体責任者に一本化し再度各担当に伝達する、プログラムの前・中・後に遊具を点検する、補助のつき方についてチェックシートを作成し、各担当者→プログラムリーダー→プログラムディレクターで順次点検する、などを実施することからなりたっている。

　2）　リーダートレーニング

　安全を確保するためには、対象児理解と同時に、指導者のスキル・知識・経験が重要な要因となる。とくにトランポリンやマットによる運動では、感覚統合の理解や実践技術と同時に、その種目に応じた基本的な指導法をリーダートレーニングとして課し、本プログラムでの応用において、安全管理対策を強化

第1章 屋内のプログラム　67

種目：(ブランコ渡り)

No.	規定動作	動作の説明・図		留意点
①	1人で立って乗ることができる		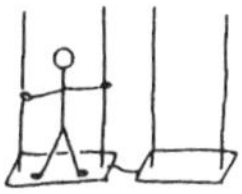 怖がらずにブランコに立つ	
②	体幹の補助つきで渡ることができる		 背中を支えて隣のブランコに渡る	
③	ひもと板の補助をつけて渡ることができる		 ひもと板を押さえて動かないようにして渡る	
④	補助なしで1人で渡ることができる		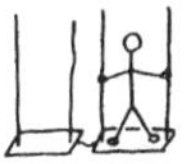 体、ひも、板を補助者は触れずに子ども1人で渡る	
⑤	高さの違うブランコを補助をつけて渡ることができる		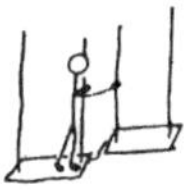 高さの違うブランコを渡る。補助は②・③の方法で行う	
⑥	高さの違うブランコを補助なしで1人で渡ることができる		 高さの違うブランコで④をする	
⑦	離れているブランコを補助をつけて渡ることができる		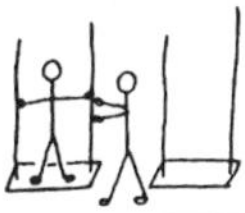 離れているブランコで②・③の補助をしながら渡る	
⑧	離れているブランコを補助なしで1人で渡ることができる		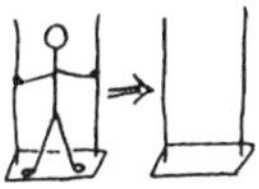 自分で横揺れをつくり、離れているブランコをつかみもってきて④をする	

図-19　規定動作シートの例

している。

7．規定動作の作成

　規定動作シート（図-19）は、各種目に対してスモールステップの原則にのっとり、単純な動作からより複雑な動作へと5～10段階に示したものである。このシートによって子どもが、ひとつの種目に対して、どこまでできたのかがわかる。これらの記録は、次回のプログラム立案や援助法において、どう働きかけたらよいかに役立てることができる。このシートには、そのときのようすだけでなく、表情なども記録し、そのうえで〇・△・×の3段階で評価する。さらに、このシートの内容を種目担当者に確認し、規定動作利用者状況シートを作成する。

　このシートは、規定動作の達成状況を知ることによって、対象児全体がどのレベルにいるかがわかるようにしたものであり、全体的にみて、規定動作と達成状況があまり合っていないようであれば、変更を加える。各種目の評価は、これらを参考にし、チャレンジシート（評価表）を作成する。またこのシートは、基本動作に対して対象児ができるようになった項目の所に日付を記入し、対象児がどこまでできるようになったかを確認して、最終日にリーダーからのメッセージを加え保護者に配布する。

8．各トレーニング種目の内容

1）体　　操

　準備体操・整理体操は、テレビのリズム体操をアレンジして作成した。音楽は毎回同じものを用意し、この音楽が流れたらプログラムがはじまり、また終るということがわかるようにした。動きについては、各関節の可動域を大きくすること、ウォーキング動作、右手、右足、左手、左足を手でタッチさせるような対称・非対称的な動きを重視している。

写真-1　網ブランコ

2）網ブランコ

　網ブランコは、植木用ネットを編み込み、一点で天井からつるして揺らすものである（写真-1）。ネットのなかは、座位で保つようにさせている。期待している刺激は、前庭系の刺激、固有受容刺激、触刺激（圧迫・皮膚刺激）、視覚刺激（垂直性視空間・目と手の協調）である。前庭刺激は全身の筋緊張の調節、眼球の運動の統制、交感神経・副交感神経に関与している。とくにスピードのある場合は交感神経（興奮）、ゆっくりの場合は副交感神経（抑制）に働くので、対象児によって揺らし方や速度が問題となる。このように、前庭刺激は、身体全体の神経筋系、内臓機能の調節、空間における身体の位置を固定しながらの安定した視野・視覚の恒常性を期待している。

　網ブランコでは、前庭覚に対し座位姿勢で、直線運動、軸性回転運動、軌動性運動を負荷として用いることが可能である。これらの運動は、ハンモックに

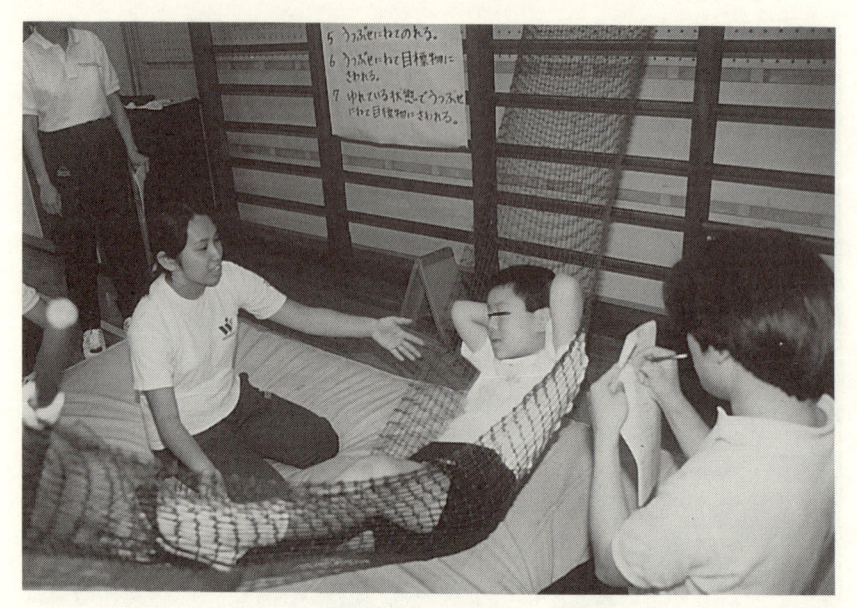

写真-2　ハンモック

のることを怖がる対象児には困難である。しかし、対象児は、座位であるため、ゆっくりとした直線運動、軸性回転運動、軌動性運動に少しずつ適応させ、次にスピードが早く、大きな揺れを課していく。本プログラムでは、さらに視覚情報を遮断（アイマスクにより）した条件で行うが、視覚を遮断することによって固有感覚や触覚に対してより負荷がかかると考えられるからである。

3）　ハンモック

ハンモック（写真-2）の揺れは、左右の加速度（直線における水平運動）の刺激となる。ハンモックは揺らし方を大きくすることによって垂直成分の加速度（垂直運動）にも関与する。体位は、背臥位、腹臥位、座位のバリエーションがある。したがって、感覚入力としては、前庭系、固有感覚、触覚となる。感覚統合トレーニングのレベルは感覚入力の調整（第1段階）、姿勢反応の促進（第2段階）、運動企画の促進（第3段階）、両側統合、ラテラリティの促進（第4段階）、視空間・形態知覚・聴覚－言語能力の促進（第5段階）の5段階

写真-3　ブランコ・一本縄ブランコ

が原則である。

　健常な発達では、左右に大きく揺らされると身体の正中線を安定させるように姿勢をコントロールする。ここでは、第1・2・3の要素を含み、とくにハンモックに対して横に座り、足を外に出した状態で左右に揺らした場合、ブランコのように身体両側に握るものがないためハンモックの網を握る。この状態での後方の揺れは比較的困難な姿勢制御が必要となる。さらに、ハンモックでは、第4段階の要素を考慮している。左右の認識、左右の反対側への交叉、物と物との空間関係・順序・時間的タイミングは、この第4段階の課題であるが、とくに揺らしながら対象物を触る課題では、自分と物との距離やタイミングを調整する必要があり、困難な課題のひとつである。

　4）ブランコ・一本縄ブランコ

　ブランコ（写真-3）は、他人に揺らされる場合と自分でこぐ場合とで、運動に大きな差がある。自分でこぐという運動はブランコ自体の揺れに対し、体

全体、とくに両下肢の揺れを意図的に合わせたり、合わせないことによりスピードをコントロールする必要がある。したがって、感覚統合の原則から考えると、第1～第4まで広範囲なバリエーションが考えられる。感覚統合としては、前庭・触覚・固有感覚・視覚のすべてが関与する。ハンモックとブランコとがとくに異なる点は、座位に加え立位での刺激が加わる点である。さらに本プログラムでは一本縄ブランコを用いることもある。

5) ブランコ渡り

ブランコ渡り（写真-4）は、複数のブランコを連結して行う。感覚刺激は、ロープの幅を調整することで負荷が異なる。また、全体の高さを変えたり、各ブランコの高さをそれぞれ変化させることで困難さを調整できる。自分が乗っているブランコから他のブランコへ移動することは、重心を残しつつ移動しなければならない高度な姿勢制御である。この種目でねらっている刺激は、主と

写真-4　ブランコ渡り

して固有受容刺激と触刺激である。とくに立位でバランスをとりながら移動する場合、上下肢の使い方（とくに抜重・加重に必要な膝関節）が重要となる。

6） バランスボード

バランスボード（写真-5）は、板の下に高さが異なる軸を固定したものである。軸の高さによって、異なる負荷の前後・左右回転加速が生じる。一般的に両脚をそろえて前方に回転加速が生じると両上肢は前方へ伸展し、両下肢は屈曲してバランスをとろうとする。ここでは、こうした姿勢反射を促進しようとする。したがって、主たる感覚刺激は固有受容刺激と前庭覚となる。さらに目標とする方向を意図的に変えさせるために、前後・左右に動物の絵を配置し、たとえば「パンダのいるほうへ倒してごらん」といった言語提示を与えることで、視覚の要素を含めるようにしてある。

7） バランス下駄

写真-5　バランスボード

この下駄の歯は、板の中心から前方・側方へわざとはずしてある。さらに左右の高さが異なるものも用意している。このような履き物は、日常の生活では存在しない条件である。したがって、不規則な前後・左右への回転加速が生じ、高度な姿勢コントロールが要求される。この下駄は足関節に対する固有刺激が強いために、足首をひもで固定する必要がある。初期段階では、その場で補助者がつき、少しずつ条件を困難にし、坂を登ったり降りたりの移動までできるように導く（写真-6）。

8) スクーターボード

スクーターボード（写真-7）のねらいは、主として直線方向の加速度に対する前庭刺激である。とくに上肢を前方に出すことにより、頸反射を導き出すことができる。また、直線加速と同時に曲線運動を加えることによって軌道性の回転加速を加えることも可能である。強い回転加速では遠心力が働くため、対象児は落ちないように遠心力に抗した姿勢コントロールが要求される。本プ

写真-6　バランス下駄

第1章　屋内のプログラム　75

写真-7　スクーターボード

写真-8　トランポリン

写真-9　平均台・輪

ログラムの体位は主に腹臥位としているが、座位を用いてもよい。

9) トランポリン

　トランポリン（写真-8）では、バリエーションによって前庭覚・触覚・固有受容感覚・視覚のすべてを刺激として用いることができる。この運動は日常生活のなかで行われるジャンプとは異なり、トランポリンの振幅に合わせた個人の動きが必要である。したがって、止める場合にはトランポリンの振幅と異なるよう膝を曲げなければならない。最初の段階では指導者と対面し、両手をつなぎながら行い、徐々に1人でその場を跳び、移動、複数の動作へと発展させていく。トランポリンは空中でのバランス制御が困難であり、とくに上肢を使ってコントロールすることが要求される。

10)　平均台・輪

　平均台（写真-9）での運動には、静止バランスと同時に方向転換、また移

写真-10 マット

動しながらのバランス制御が必要である。平均台の高さは3種類用意しておき、輪の運動と組み合わせて実施する。

　輪を用いての運動は規則性（色・配置など）を求めるものと、不規則な場合とがある。前者は知覚も考慮したケースである。片足・両足着地では、左右脚の使い方を意図的にコントロールするようにしてある（たとえば、左足着地させるには左寄りに次の輪を置いておけばよい）。障害をもつ子どものなかには半身が優位に働くことがある。あるいは、方向性（左右）の識別ができないといったことがある。したがって、この方法はラテラリティ（内的室内の地図）、方向性（外的室内の地図）を考慮したものである。

11）マット

　この種目は、マット・跳び箱・はしごなどを組み合わせて配置してある（写真-10）。したがって、主に固有受容刺激、触覚（とくに圧覚）、視覚刺激に対

応したものである。ただし、マットから滑り落ちる運動については、前庭覚（垂直運動）を考慮している。この種目は大がかりなセットが必要であり、個人に応じて高さなどの対応が困難なため、体位や補助法によって負荷量をコントロールするようにしている。

9．注意すべき事項

　感覚統合トレーニングの種目をよりやさしいものから困難なものへ細分化し、スモールステップの法則を具現化するには、以下のような考慮が必要である。
　1）　対象児の内的欲求を促進する要因
① 指導者の役割
　感覚統合トレーニングには、対象児が自発的にチャレンジするような環境が必要である。そのためには、指導者がいかに相手（対象児）のことを理解するかが重要である。本プログラムでは両親、学校の教師とともに対象児を理解し、マンツーマンによるスタッフ体制から観察することを徹底した。まずは子どものつまずきのポイントの分析、やりたいという気持ちにさせるにはどうしたらよいかの分析が、各種目を細分化するために重要であった。
② 道具の工夫
　内的欲求を促す要因としては、道具そのものの魅力がある。怖そうでない、おもしろそう、といった感性は指導者と少しずついっしょにやったり、声をかけたり手助けしたりすることで導き出していく。その結果、障害児であってもひとつの課題にチャレンジしたくなった子も多数いた。また、前にできた課題と次の課題の差が大きすぎると達成感が得にくく、消極的になる。そのためには、道具の大きさ、使い方、組み合わせ方、さらには色、配置などを考えることがスモールステップにあっては重要と考えられる。
　2）　感覚刺激を種目の細分化にどう対応させるのか
　このトレーニングでは、他動から受動へ、ゆっくりしたものから速いものへ、

低いものから高いものへ、単純なものから複雑なものへ、というスモールステップの法則を、各種目において適合させようとした。これらのポイントはエアーズによる神経系の発達に促した感覚統合指導の5原則にあてはまるといえよう。そこで、基本動作3～5種目を選び、全対象児に試行させながら、できなかった要因とできた要因を検討し、各種目において5～10段階に動きを細分化した。さらに、これらの動きについて、ねらっている感覚刺激がどの受容器であり、発達レベルのどの位置にあたるかを検討しながら、プログラムを作成した。

第2節　感覚統合としてのトランポリン運動指導法

　障害（知的障害、視覚障害）を有する子どもたちに対する、主として前庭覚・固有感覚刺激を中心とした感覚統合トレーニングのひとつにトランポリン運動がある。

　トランポリン運動の特徴は、ゴムケーブル、またはスプリングとナイロンベッドの弾力の性質を用いることにある。したがって、平地での跳躍運動と異なって、跳躍高が3～6倍（滞空時間の増大）にもなる。また、緩衝力が大きいので、足以外の背・腹・膝・四つ這い・長座姿勢でも着床でき、それらのどの姿勢からでも跳びあがることができる。

　感覚統合の視点からトランポリン運動をみると、垂直方向の加速度が前庭覚への刺激となる点があげられる。垂直方向の加速度は日常生活のなかでエレベーターなどがあるが、遊びのなかでは発生させにくいものである。また、高さの調節や止まる動作は、下肢の筋・腱といった固有感覚を刺激し、身体の位置、動き、力の感覚に関与する優れた遊具であり、普通の床面では感知できないものがある。

　障害の有無に限らず、運動能力の低い子どもは遊具を介しての身体活動に対

して自らチャレンジしようとする内的動機が少ない傾向にある。とくに今まで自分が経験したことのないものはやろうともしないし、近づくことすらしない。障害児にトランポリンをやらせようとするとき、やはりこうした傾向を示すことが多いが、一度体験させると、その内的動機は他の種目以上に高いことが実践プログラムのなかで観察された。

　表-3は㈳日本トランポリン協会が発行しているトランポリン普及指導者教本2種に記載されているトランポリン運動の系列表である。子ども用、成人用、初心者用、競技者用における段階別練習もすべてこのなかに示される種目が基礎となっている。ところが障害を有する子どもの場合、初歩段階であっても、1つ2つのステップアップが困難な場合が多い。とくにトランポリン運動で基本となる両足着地による強度のコントロール、チェック（着地時に膝の屈曲動作を行いマットの弾性を相殺して止める技術）、回転は困難である。したがって、さらに細かな段階別練習法が必要と考えられる。本節では、主として障害児におけるトランポリン運動の初歩段階指導法について述べる。

　対象児は、小学校1年生〜中学2年生までの障害児21名。障害の内容は、自閉症8名、ダウン症2名、それ以外の知的障害10名、視覚障害1名である。

　トランポリンは、折り畳み式を使用しており、ベッドはスプリングベッドを使用している。サイズはミドルサイズである。トランポリンの前後左右には、エバーマットを敷いている。

　トレーニング頻度は週1回のプログラムに対し、1人が約1〜2分であった（一般的には、初心者であれば、トランポリン上での練習は1分以内で1日10回前後からはじめ1種目の反復回数は5回を超えない）。スタッフ体制は、1〜3人とし、練習中は常にトランポリンの前後に補助者を配置した。また、動作や動きの方向によって補助者の配置を変えた。対象となる運動は、背臥位・座位での垂直跳び、回転系とした。

表-3 トランポリン運動の系列表

	トランポリン段階練習表	垂直跳	腰落ち スイブル系	腰落ち 1回捻り腰落ち系	腹落ち	背落ち クレイドル系	背落ち 1回捻り背落ち系	回転系 前方系	回転系 後方系
1	垂直跳び―チェック	○							
2	1/2捻り跳び―ジャンプ	○							
3	腰落ち―ジャンプ		○	○					
4	膝落ち―ジャンプ	○							
5	腰落ち―膝落ち―1/2捻り腰落ち―ジャンプ		○	○					
6	腰落ち―1/2捻り膝落ち―腰落ち―ジャンプ		○						
7	かかえ跳び―ジャンプ	○							
8	四つ這い落ち―四つ這い落ち―ジャンプ				○				
9	四つ這い落ち―1/2捻り腰落ち―ジャンプ			○					
10	開脚跳び―ジャンプ	○							
11	四つ這い落ち―腹落ち―膝落ち―ジャンプ				○				
12	腰落ち―四つ這い落ち―ジャンプ							○	
13	四つ這い落ち―腰落ち―ジャンプ								○
14	腰落ち―1/2捻り四つ這い落ち―ジャンプ			○					
15	腰落ち―1/2捻り腹落ち―ジャンプ						○		
16	閉脚跳び―ジャンプ	○							
17	1/2捻り腰落ち―ジャンプ		○	○					
18	1回捻り跳び―ジャンプ	○							
19	腰落ち―腹落ち―ジャンプ							○	
20	膝落ち―腹落ち―ジャンプ				○				
21	腹落ち―ジャンプ				○				
22	腹落ち―腰落ち―ジャンプ								○
23	腰落ち―1/2捻って立つ		○						
24	腰落ち―1/2捻り腰落ち―ジャンプ		○						
25	1/2捻り腹落ち―ジャンプ						○		
26	腰落ち―1/2横まわり腹落ち―ジャンプ				○				
27	膝落ち―倒立―膝落ち―倒立							○	
28	腰落ち―1回捻り腰落ち―ジャンプ			○					
29	腰落ち―水平背落ち					○	○		
30	1回捻り腰落ち―ジャンプ			○					

1. 背臥位、座位によるアプローチ

　障害児におけるトランポリン運動については、とくに導入段階での対象児の観察が重要である。観察のポイントは、対象児の言語を含むコミュニケーション能力、股関節・膝関節・足関節などの解剖学的諸問題の有無、これまでの運動体験、新しい運動種目に対する意欲などである。下肢の諸関節に問題点がある場合には、トランポリン運動の原則である両足着地が困難となり、一方の下肢関節に強い衝撃が加わって障害を引き起こすことが考えられる。また、トランポリンへの進入角が一定していないと、跳び上がったとき意図する方向に行かず、床に落下する可能性がある。下肢に問題を有する対象児に関しては、背臥・座位を中心に垂直方向の直線加速度刺激入力のバリエーションを拡大することにとどめる必要があるだろう。それ以外の対象児については、この段階を通じて、次段階の立位でのアプローチにつながるようにバリエーションを拡大することが課題となる。以下、そのアプローチについて述べる。

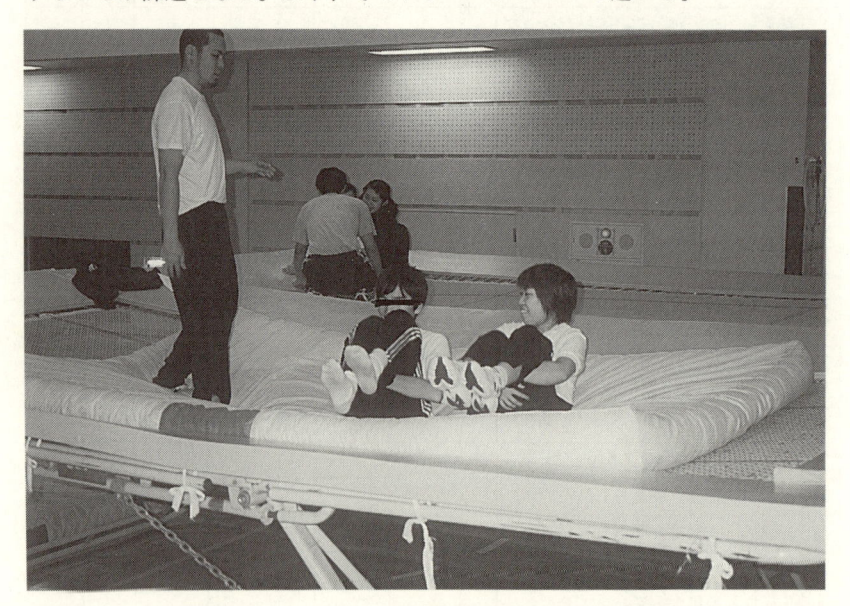

写真-11　エバーマットを置いてのトランポリン運動

エバーマット有り	指導方法	エバーマット無し
	首や膝等が不安定な者や、障害別に合わせ補助に入る	

	足を伸ばす。手は着かない	
	上半身が不安定な者には後ろから抱きかかえるようにして補助に入る	
	足はチューブの外に出す	

	二人で並び、どちらが先に倒れるか競争する	
	連結した状態で倒れないように跳ぶ	
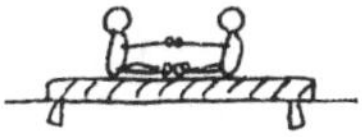	手をつなぎ、一緒に跳ぶ	

(留意点)
・エバーマットを敷いた上で立って跳ばない。
・エバーマットを敷いていない方が不安定なため、抱きかかえる補助者は足を開き安定した座り方をすること。

図-20 背臥位・座位によるアプローチ

図-20は、背臥位・座位による初歩段階のアプローチについて示したものである。この段階の目的は、トランポリン特有の弾力を感じとらせることと、新しい運動に慣れさせることにある。恐怖心の強い子の場合は、トランポリン上にエバーマットを置くことで不安感を軽減することができる（写真-11）。また、普通の状態のトランポリン上では座位がとれない子でも、エバーマットを置くことによって違和感なく座位姿勢がとれるようになる。エバーマット上での運動はすでに陸上で体験しており、同時に強い弾力が緩衝される。したがって、どのような対象児であっても適応できる条件となる。

　姿勢は背臥位・座位を基本とし、腹臥位については行わない。障害児の多くは腹臥姿勢の際に手掌および肘全体を上手に使えず首の固定が甘いため、肩関節・頸椎・顔面への危険度が高いと考えられるからである。背臥位、座位ともにこの段階での垂直運動は、指導者がトランポリンを踏み込むという他動運動によって経験させる。対象児1人による背臥位の段階で、首が固定できない場合は後方からもう1人別の指導者が抱きかかえるようにする。また、エバーマットの上にタイヤチューブを置くことで、より安定感が得られる。さらに、ただ体験させるだけでなく、ゲーム的要素を取り入れることで、対象児の内的要求を高めることができる。たとえば4人が同時に乗って、2人ずつ座位になり、どちらが先に倒れるか競争させたりするバリエーションも考えられる。能力的に高い対象児では、チューブにつかまらなくとも空中姿勢が安定している。このようなケースでは両手を上げさせたり、ジャンケンなどの複数課題を同時に与える。

2．垂直跳び

　トランポリン運動における垂直跳びは、以後発展していくすべての種目の基本となる。垂直跳びを上手に行うには、トランポリン中央に足幅を約10cm開いて立たせる。視線は前方の端を見させ、腕は前から上方へ振り上げ、空中で横

エバーマット有り	指導方法	エバーマット無し
	腰を下に押す。足の裏全体を着く。（垂直方向・前進方向）歩く・走る・跳ぶ	
	補助者が沈みを出す。（垂直方向・前進方向）歩く・走る・跳ぶ	
	対象児に合わせて一緒に動く。（垂直方向・前進方向）歩く・走る・跳ぶ	
	両足ジャンプの意識高めのため	
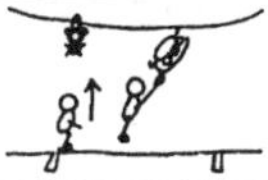	目標物を作ることでジャンプの高さを出す	
	腰にタッチする	
	跳んだときに開脚を行う	
	跳んだときに閉脚を行う	
	チェック・補助は向かい合って行う	

図-21 垂直跳びのアプローチ

に開いてバランスを保つようにする。指導上の留意点は、両足同時着地において足裏全体で着地面を踏み、脚力ではなく体重を使ってトランポリンの弾力を利用して跳び上がらせることである。このとき、高く跳ぶことよりも空中で身体軸をいかに固定し、真直ぐ跳ぶようにするかが重要である。

　図-21は、障害児における垂直跳び（立位）のアプローチ例について示した

ものである。障害児の指導では下肢諸関節に問題のある場合、この立位による垂直方向の加速を感知させるのが困難である。このようなケースは指導者が抱きかかえるようにして垂直刺激を与える程度で留める。それ以外の対象児は垂直跳びに固執せず、トランポリン上を歩く走るなどして、まずトランポリンの感じに慣れさせる必要がある。

　垂直跳びでは、指導者による他動運動から入る。指導上のポイントは、上方ではなく下方へ圧をかけるようにすることで、その際、対象児には陸上でのジャンプのように膝を曲げて蹴るのではなく、伸展させた状態で踏み込ませるようにする。身体を合体として固定させることは、空中動作の際、身体軸がぶれないための重要な要素になる。障害児のほとんどが、この感覚を得るのに時間を要する。上半身を固定させるには、脇に力を入れさせたり、軽くたたくことでその状態を意識させる。自閉傾向をもつ対象児の場合、触れようとすると拒

写真-12　フラフープを用いてのアプローチ

絶することが多い。このような場合には、指導者が同じトランポリン上に乗って対象児と離れ、その子の好きな道具（たとえばタンバリンなど）をもたせたり、歌をいっしょに歌うことで慣れさせる。両足着地の踏切の意識を高めたり、跳躍高を増大する方法としては、フラフープを跳び越えさせたり（写真-12）、上方にタンバリンなどを配置して目標物を明確にする（写真-13）などすると有効である。

トランポリン運動では垂直跳びと同時にチェック動作が重要である。チェック

写真-13　目標物（タンバリン）を用いてのアプローチ

はニーブレイクともいい、膝の屈曲によってバネの弾性を相殺する技術である。足が着地すると同時に膝を曲げ、下から身体を押し上げようとする弾力を止める。この技術の習得についても、障害児の多くには容易なことではない。そのため、指導者と対面した状態で手をつなぎ、指導者がやってみせながら、徐々に離れて行わせるようにする。

3．回転系の運動

図-22は、回転系の運動の指導方法について示したものである。感覚統合の

エバーマット有り	指導方法	エバーマット無し
	両サイドにひもをつけ、結んだと同時に回転させる	
	安定感のある対象児に対しては、チューブに波をつくり、不安定な状態をつくる	
	空中に上がったと同時に補助者が上半身を捻り、足を大きく回転させる	
	腰をもち、補助者が対象者の周りを大きく回転する	

	フラフープをもって一緒に回転する	
	補助者は腕をクロスし、対象児のみが回転する	
	一人での回転	

図-22 回転系に関するアプローチ

見地からみると、前庭覚に対する垂直方向の加速度に加え、回転加速を刺激として加えることになる。初歩段階としては座位を基本姿勢とし、エバーマットの上にチューブを置き、そのなかに補助者と対象児が2人いっしょに、または対象児1人のみが入り、別の2人の補助者がチューブごと回転を加える（写真-14）。これだと、エバーマットがあることによって、斜めになったり、高くなりすぎたりしない利点がある。このチューブには両サイドにロープがつけてあるが、補助者の腰痛予防や動きやすさの点でも有効である。立位では対象児と

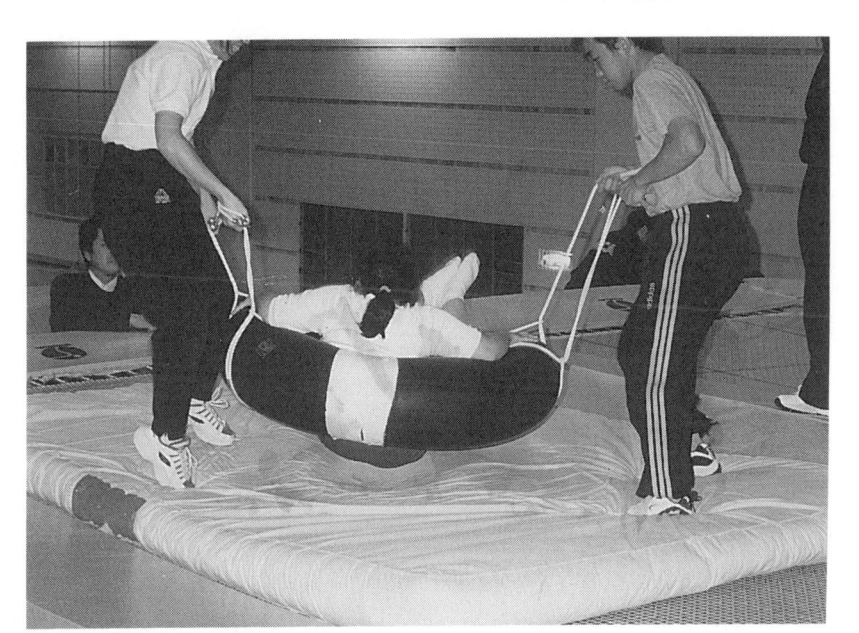

写真-14　座位補助なしでの回転（チューブ、エバーマットを用いたもの）

密着し、抱きかかえて回転を加えるが、ここまではすべて指導者による他動運動であり、対象児の下肢諸関節に問題がある場合は、ここまでにとどめるようにする。

　その他の子どもについては、両足着地による垂直跳びの発展系としてとらえる。最初は指導者が腰を支えるか、あるいは対面した状態で手をつなぎ、両者が同時に回転するようにする。また、フラフープを用いてもよい。対面状態で対象児のみが回転する場合は、あらかじめ手をクロスしておき、回転しやすいようにする。このような体験をしながら徐々に1人で、垂直跳び→チェック→垂直跳び→回転といった組み合わせで行えるように指導していく。能力の高い対象児は指導者がトランポリンの端から手足の動きを指示してやるだけで行うことができるが、ほとんどの場合、言語によって指示するだけでは行うことができない。

4. 指導の要点

　トランポリンの指導書はきわめて少ない。あったとしてもその内容は一般健常児者に対するものにとどまり、障害児者に関する記述はほとんどないため、その指導内容をそのまま障害児プログラムに用いることができない。つまり、一般的な指導の場合には、ひとつの技術とその上の段階の技術との差が障害児者には大き過ぎるため、この間に細分化されたステップを設ける必要があり、練習バリエーションも同様に必要ということである。

　本プログラムでは、トランポリンそのものの技術向上ということも問題にはしているが、むしろ感覚統合トレーニングの1種目であるということに力点がある。障害児には下肢の諸関節に重複障害を有するケースが多く、このような対象児の場合はどこまでトランポリンをさせるかが重要となる。このケースでは、座位・立位・回転のいずれにおいても、指導者による他動運動で行える範囲とするのが安全のうえで必要であろう。すなわち、感覚統合の視点に立つならば、この段階であっても充分に前庭系への刺激が入力でき、その目的は達成できるということである。

　そうでない場合には、内的動機をどうすれば大きくすることができるか、どう技術を伝達するかが問題となる。ここではひとつのステップをより細分化し、さらに道具を介したり、複数のバリエーションを用意して実施することに、とくに意を用いた。しかしながら、障害の種類、度合い、個々の体験、身体の発達度などは個人によってさまざまである。したがって、すべての対象児者に合った指導法はありえないであろう。

　障害児に対するトランポリン指導は、できるだけ幅広いバリエーションや道具の工夫のなかから、個々の興味を引き出しながら徐々に意図する方向に近づけることが重要といえる。

第3節　プールでのアクアエクササイズ・トレーニング

1．アクアエクササイズの概要

　知的障害者に対する運動処方は、個人の最大能力を測定することが困難であるために、最大値に対する適性相対負荷量が決定できない。また、実際の運動面においても障害の度合いやことばの理解力に問題があり、客観的データにもとづく運動処方に関する実際例はほとんど報告されないのが現状である。

　成年期を越えた知的障害者は肥満傾向を示すことが多いため、陸上の歩行・走行は負荷が高いと同時に、外力の諸関節に与える影響が高い。知的障害者の運動パターンを観察すると、幼児と同じように音楽に対する反応が高い傾向を示す。したがって、体重の影響を軽減する水の物理的特性と同時に音楽を取り入れたアクアエクササイズは、知的障害者の運動実践においては有効な手段と考えられる。

　水の特性を生かしたアクアエクササイズは、これまでに多くの研究者・実践者によって実施されている。本書では、これらのなかでメアリー・E・サンダーンスが提唱した「ザ・スピード・アクアティック・フィットネス The Speed Aquatic Fitness」（以下、スピードアクアと略す）の理論と実践に注目した。この運動は筋力の強化・関節可動域の拡大・呼吸循環機能の向上を目的に、6つの基本動作、すなわちウォーキング、ジョギング、キッキング、ジャンピング、ロッキング（体重移動）、シザース（挟む動き）を軸に構成されている。また、このエクササイズの特異な点は、抵抗のコントロールと身体バランス制御を目的に水かき状のミットを用いていることである。このエクササイズは一般健常者のみならずアスリートや中高齢者など、幅広い対象者をターゲットに実施されている。

　本節は知的障害者に適したアクアエクササイズ・トレーニングの実践につい

表-4 障害者アク

時間	構成	目的	部位	表現	内容
5分	ストレッチ (W-UP)	バランス調整 心拍数、筋温の わずかな上昇	脚	グーパー ジャンプ	ジャンプ (脚は閉じて その場でとぶ)
				グーパー ジャンプ	ジャンプ (脚は開いて 閉じてその場でとぶ)
		関節可動域 の獲得	肩	肩をグル グル	その場で脚を開いてとびながら、 肩をゆっくりとまわす。
		正しいアライ メントとスカ ーリングの練習	脚	ケンケン	片脚をもってジャンプする (脚は身体 の前と後ろでもつ。両脚を交互に行う) グーパージャンプ (その場で)
			腕	ちょうちょ	脚を開いてとびながら 腕を上下にふる (その場で)
5分	カーディオ (W-UP)	メンバーパート で使われる練習		鳥	腕を上下に動かしながら、パージャンプで 横移動
		低強度で行う 移動動作における アライメント の練習		うさぎ (写真-87)	手を上にあげ、グー ジャンプでその場で とぶ
		筋温の上昇		ぞう	手を前に出して、その 手を左右に振りながら 歩く
		心拍数のターゲット ゾーン下辺への 引き上げ		飛行機	手を横に広げて走る (前移動)
				ワニ	手を前に動かしながら 歩く
10分	マッスル・コ ンディショニ ング	筋肉群を孤立させて 行う筋力、筋持久力 系エクササイズ	大胸筋	開いて 閉じて	腕を水平にして、身体 の前で開閉し脚は開いた ままジャンプする
			外転筋	とんで とんで!	脚を開きながら上に ジャンプして閉じながら 着地する。腕は自然な 状態での開閉
			二頭筋 腹筋	すくって すくって!	身体の後ろから前へ 腕をもってくる余裕 があれば腕の屈曲、 伸展を行う
20分	カーディオヴ アスキュラー	心拍数をターゲット 内で維持させ、心臓 血管系や脂肪燃焼時間 の長期目的を目指す エアロビクスエクサ サイズ		鬼ごっこ	鬼を決めて、鬼がみん なを追いかける。鬼以外 の人はつかまらないよう にする
				鳥さん	腕を水平にして上下に 動かし、脚は開いたまま ジャンプをしながら横移動
				飛行機 (写真-88)	腕を水平にし、あらゆる方向 に走る (何か目標を決める。 例:飛行機に乗って、アメリカ に行こう!)

アプログラムの内容

時間	構成	目的	部位	表現	内容
20分	カーディオヴァスキュラー	心拍数をターゲット内で維持させ、心臓血管系や脂肪燃焼時間の長期目的を目指すエアロビクスエクササイズ		電車 (写真-86)	走りながら近くにいる人の肩につかまり1列になっていき、最後は全員で走る。この時、何か目標を決める (例：新幹線に乗って大阪まで行こう！ 途中の駅を言う。あとは、ロングビート板でトンネルをつくり、スピードをつけたりさせたりする。「トンネルが落ちるよ！」という速く走り出すなど)
				大きな輪 小さな輪 (写真-85)	肩につかまっていた手を離して、手と手をかえて、隣の人としっかりと手をつなぎ全員で大きな輪をつくる ↓ 手はつないだまま、脚は開いてジャンプしながら右に回り、右への水流ができたところで止まらずに、すぐに左へ回る ↓ 手をつないだまま今度は、前に走ったり後ろに走ったりする ↓ 前に走って小さな輪になった時、みんなで挨拶したり、水をたたいたりする
				ボール拾い	小さなボールを真ん中に浮かせて、合図で取りに行く
				玉入れ (写真-84)	拾ったボールはどんどんかごの中に入れていく。ただし、かごは人がもっており、かごをもっている人は逃げる。
5分	ストレッチ (W-down)	特定の関節可動域を向上するためのストレッチ 体が適度に暖まった状態で終了する	腕	鳥さん	腕を水平にして、その場でゆっくりと上下に動かす。脚は開いたままジャンプする
				うさぎ	腕を上にあげ、脚は閉じてその場でジャンプ
			脚	ケンケン	片脚をもって、ジャンプする。(脚は体の前と後ろで持つ。両脚を交互に行う。)
				かかし	片脚で止まる。左右行う。
			肩	肩まわし	その場で脚を開いてとびながら、ゆっくりと肩をまわす
				深呼吸	腕をゆっくり体の前で開く。脚は開いたまま、ジャンプ

て紹介する。

2．実践の内容

対象者は神奈川県内の通所施設に属する知的障害者14名である。トレーニング頻度は週1回1時間とし、エクササイズの内容と目的は次に示す5つのパートで構成した（表-4）。

① ストレッチ Sturetch とウォームアップ Warm up（5分）

水中における浮力・抵抗の感覚に慣れ、水中特有の姿勢制御・運動コントロールを感じとる。心拍数・筋温を徐々に上昇させると同時に各関節可動域を拡大する。

② カーディオ・ウォームアップ Cardio warm up（5分）

低強度で移動動作の練習をしながら心拍数を上昇させていく。

③ マッスル・コンディショニング Musucle conditioning（10分）

各筋群に対して独立させた動きを行い、筋力・筋持久力を高める。

④ カーディオ・ヴァスキュラーCardio vascular とコミュニケーション・ゲームCommunication game（20分）

心拍数をターゲットゾーン内で維持させるとともに、ゲームを取り入れたコミュニケーション能力の向上を目指す。

⑤ ストレッチとクールダウンCool down（5分）

心拍数を徐々に減少させ、関節可動域の拡大を目指す。

対象者の理解は、あらかじめ施設から提供してもらった、障害の度合い、身体状況、作業能力などの職能判定、および定期検診の結果から把握した。また、プログラムごとにADL（日常活動動作：本プログラムでは、着替え・シャワーのようす）について記録した。プールでは、個人別に入水・出水の仕方、運動中のようすを記録して毎回改善を加えた。

スタッフの体制は、メインのインストラクター1名と各対象者1人に対し、

マンツーマンのサブインストラクター、さらにガード1～2名、観察者1～2名を配置した。トレーニング強度は、安静時と運動時に触診によって脈拍を計測し、「(220－年齢)×60～80％－17」の式によってターゲットゾーンを決定した。

なお、プールの水深は1.3m、水温は31度で実施した。

3．実践の結果と考察

本プログラムを実施するにあたって、最初はサンダースの提唱するスピードアクアのパターンをそのまま知的障害者のプログラムにあてはめてみた。しかし、不都合な点が多々あり、毎回改善を加えながら知的障害者に応用できるよう実施した。以下、これらの点について解説をしておきたい。

1) ミットは十分に使いこなせない

スピードアクアの特徴は、ミットの使用にある。ミットを着けることで手の表面積が増加し、水の抵抗を負荷として利用できるからである。また、速度をコントロールしたり、水をスライスさせることで負荷を調整し、特定部位(主働筋)の筋力トレーニングにも応用できる。さらに、ミットで水を下に押すことで浮力を増したり、バランスを調整することも可能である。

本プログラムでも、ミットを着けて数回実施してみた。しかし、これらの特性を十分に利用することができず、かえって混乱をきたすことが多かった。ミットの着脱に時間がかり、手をつないだり、肩につかまる運動では滑ってしまうため、思うような動きがとりにくい。知的障害者のエクササイズでは素手のままのほうが有効と思われる。

2) 基本動作の再考

水中運動におけるひとつの特徴は、浮心・浮力量ともに自由に変化させることができる点にある。すなわち、バランスの中心値(メタセンター)を自由に作ることができるため、陸上とは異なる姿勢制御が可能となる。たとえばロッ

キング（ロッキングチェアーのような動きで、前後の足に交互に体重を移動する）などは、足への体重移動とともに手のバランスが必要となり、複雑な身体コントロールが要求されるため、彼らには理解がむずかしい。そこで、すべての動きをよりシンプルにして、その場での両脚・片脚ジャンプを基本動作にして、前後への移動や高さの強弱を加えていった。

　筋調整ついても、本来ならば各主働筋を独立させて局所の筋をトレーニングするものであるが、主として体幹部の筋を運動させながら、連動して体肢の筋が使われるようにした。たとえば、上腕二頭筋のトレーニングでは、本来は体幹・肩関節を固定し、肘関節だけを屈曲させるのであるがが、彼らの場合、後方から水をすくうように指示し、体幹・肩・肘関節が連動するようにさせた。

3）　遊びの要素の拡大と目標の明確化

　カーディオ・ヴァスキュラーのパートでは、心拍数をターゲットゾーンで維持させることが目的である。知的障害者の場合、各基本動作におけるスピード

写真-15　カラーボールを使ってのゲーム

写真-16　大きな輪・小さな輪

写真-17　連続しての移動ゲーム

の強度によって心拍数を上昇させることが困難であった。したがって、エアロビクス効果を期待するために移動距離を大きくする必要がある。そこで、このパートでは明確な目標（距離・高さなど）を提示することと、ゲーム的要素を多く取り入れることに意を用いた。たとえば移動距離に関しては、「ここまで」あるいは「あの〜まで」という指示が有効である。写真-15は小さなカラーボールを籠に入れるゲームであるが、籠を移動させることで対象者の移動距離を拡大している。

写真-16は、みんなで手をつなぎ大きな輪や小さな輪になったり、回旋を加えているものである。円陣を組んで回旋歩行をすると乱流が発生し、楽に動くことができたり、急に反転することで抵抗を拡大することができる。

写真-17は、次々と近くにいる人の肩につかまりながら1列になり、最後は全員で移動するゲーム。その際、リングやロングビート板を用いてトンネルを作り、そこをくぐるように導くことで移動距離を拡大させ、心拍数の上昇をねらったものである。

以上のように、知的障害者のトレーニングでは遊びの要素を上手に使い、その運動目的を達成していくようにするとよい。

4）運動の表現方法

特定部位の筋力トレーニングや、心拍数を上昇させるための移動距離の拡大、またジャンプ系の運動にあたっては、その表現方法に工夫が必要である。すなわち、移動距離に対する明確な目標提示とともに、運動そのものの感じが、どうしたら相手に伝わるかを工夫することである。

本プログラムでは、ジャンプを促すために「ウサギのように高くジャンプして」（写真-18）という表現を用いた。移動距離拡大にあたっては、目標地点を提示すると同時に、両手を広げて「飛行機に乗って、アメリカに行こう」といった表現（写真-19）をすべての場面で加えた。

以上のように、指導者側がねらっている運動目標を対象者の理解力に合わせ

写真-18 ウサギ

写真-19 飛行機

て、どう表現していくかが知的障害者のプログラムにおいては重要な要素といえよう。

5) マンツーマンの指導体制

本プログラムでは、安全配慮の仕方や運動時の援助方法を考えるために、マンツーマンのスタッフ体制をとった。まず、利用者はメイン・インストラクターの動きや指示にどのように反応するかを観察してみた。その結果、人によってはメイン・インストラクターではなく、パートナーのサブ・インストラクターをみている人、また障害によっては聴力のない人もいる。また、サブ・インストラクターの位置についても、それぞれ前・横・後のいずれがよいか違いがあり、手を添えて動きのパターンを示し強弱や方向を導いたほうがよい人もいる。こうしたことは、運動中のみならずプールへの入水・出水の方法についてもみられ、個人の性格・障害の度合などによって異なる。

以上のように、障害児・者の場合、集団で一斉指導をしていても個々に応じて配慮をすることがが必要といえよう。

6) 運動強度のターゲットゾーン

水中運動での至適運動強度は、心拍数を用いる場合、水の物理的特性および潜水性徐脈の作用があるため、陸上での至適運動強度（THR）から「10～17

表-5 THR内に属する対象者の変化

	60%未満	60%以上 70%未満	70%以上 80%未満	80%以上	60%以上～80%以上 の合計
第1回	67%	25%	8%	—	33%
第2回	73%	27%	—	—	27%
第3回	76%	12%	12%	—	24%
第4回	91%	9%	—	—	9%
第5回	73%	27%	—	—	27%
第6回	56%	44%	—	—	44%
第7回	33%	22%	44%	1%	67%
第8回	38%	62%	—	—	62%
第9回	25%	63%	12%	—	75%

拍／分」の心拍数を控除する必要があるとされている。安静時の心拍数を考慮したTHRは「〈(220－年齢)－安静時心拍数〉×指定運動強度（60〜80％）＋安静時心拍数－17拍／分」で決定するのが一般的である。しかしながら、本プログラムの対象者の場合、安静脈が毎回安定していないケースが多いことから、「(220－年齢)×60〜80％－17拍／分」の式を用いた。

　表-5は、毎回カーディオ・ヴァスキュラーのパートが終了したときの脈拍を測定し、THRが60％未満の人と、それ以上の人について記録したものである。この表のよれば、5回目以降、60％未満に属する人数が減少し、60％以上の人が増加していることがわかる。このことは、対象者たちが運動パターンに馴染んできたことと、毎回60％未満の対象者を特定しサブ・インストラクターに情報をフィードバックしながら実践したことの成果を示すと考えられる。

　7）組織的な研究開発

　本プログラムは、YMCA福祉スポーツ研究所とYMCA健康福祉専門学校のスタッフ、同校福祉スポーツ科の学生、通所施設の職員、および父母による協同プロジェクトとして実施された。研究所の役割は、本稿では略してあるが高精度の空気置換法による体脂肪率の測定や体型分析、さらにプログラムの基本方針の作成である。専門学校の教職員は、施設職員・父母との合意を得ると同時に、内容説明・結果報告を適宜行った。学生たちには実践検証型の教育プログラムとして実際に企画から参加し、対象者理解・研究方法・プログラム方法を学んだ。こうしたプログラムの開発は、研究・現場実践・人材養成機能がひとつのものとして位置づけられないと行えないものであるといえよう。

　福祉分野におけるスポーツ科学は、障害者を例にするならば、その障害の度合い、種類、部位によって測定や実践の対応が異なるために、原理・原則を導き出すことが困難である。今回のプログラム開発は3つの基本方針（安全であること、楽しいプログラムであること、効果的であること）によって成り立っ

ている。加えて、対象者の理解をどう分析するか、研究・人材養成・実践をどう組み立てるかが重要な要素であった。そのためには、あらゆる立場に立って、プログラムの可能性やメリットとは何かを考える必要がある。このプログラムはマンツーマンを基本にしている以上、学生ボランティアの力がなければ成り立たない。したがって、学生たちにとって、このプログラムが対象理解の方法や運動の組立て方、測定方法を学ぶ検証・実践研究の場でなければならない。専門学校の立場では、今まで、教室での細分化された議義中心の教育から実践検証型の総合教育の可能性を探る場面でもあった。施設の立場からいえば、これまで比較的閉鎖的な仕事のやり方をしていたのを、あえて外部との共同プログラムから新しい福祉サービスの可能性と見出す場となった。また、対象者の父兄の立場からすれば、わが子の健康を願い、あらゆる体験をさせてやりたいという思いに対する受け皿の場となった。そして、何より対象者自身がこのプログラムを楽しみに参加するようになった点が重要であろう。(1999年5月の段階で参加者は56名となり、年齢層は18歳から72歳である。)

　福祉分野でのスポーツ科学研究は基礎データが必要であるが、たんにデータ収集のみならず、常に実践と同時に、そのプログラムに関わるすべての人にとって利益が享受できるよう配慮した研究スタイルが必要であろう。

第2章　屋外のプログラム

第1節　川遊びによる感覚統合トレーニング

　感覚統合トレーニングの目的は、主として全身運動を通して、前庭感覚（直線加速・回転加速）、筋・関節・皮膚からの固有感覚、触覚、視覚などに意図的に外乱刺激を与え、適切な反応を導き出そうとするものである。

　このトレーニングで重要となるのは、対象児のレベルに応じて、さまざまな運動のうちどのような種類のものを選ぶかという点と、刺激強度をどう与えるかという点、さらに最も適した外部環境とは何かという点である。すなわち、対象児の内的欲求を重視し、自ら外部環境に働きかける状態をいかに整えるかということであり、また、成功感と自信を得させ、次の課題に対してチャレンジしたいと思う環境をどう整えるるかが問題となる。本節では、とくに川遊びを主とした感覚統合トレーニングの実践記録を紹介し、その方法論について検討したい。

　実施の状況は次のようなものであった。

　対象児は、小学1年から中学2年までの障害児（自閉症ほかの知的障害、視覚障害など）24名であった。期間は、1998年8月13～15日までの2泊3日。

　場所は、神奈川県足柄上郡山北町の「河内川ふれあいビレッジキャンプ場」。このキャンプ場は、出発地点から車で約1時間の所にあり、事前のリーダートレーニングが十分に可能である点と川のプログラムに適している点を考慮して決定した。

　スタッフは、ボランティアの学生・社会人34名、YMCA福祉スポーツ研究

所職員3名の計37名であった。スタッフ体制は、キャンプ期間中すべての場面においてマンツーマンとした。

1. 川の抵抗を利用しての歩行

　川は、同一エリアであっても深さ、速度、石などの障害物によって流れが変化する。また、川底の石の大きさや砂利、土などによって歩きにくさが異なる。この遊び（トレーニング）は、こうした川の条件を利用し、感覚統合トレーニングに応用しようとするものである。

　1）川の流れに対し横断する・斜めに登る・降りる

　川の流れに対し真っ直ぐ横断する場合、右側面より水の抵抗を受けるケースと左側面より抵抗を受けるケースがある。また、深さが足関節よりやや上の場合と、膝関節前後の場合とでは、抵抗の強さが異なる（写真-20）。川の深さ、流速は対象児の体格や能力に応じて選択した。比較的能力の低い対象児の動きは、全身に力が入り、中腰で広いスタンスをとるものとなる。また、歩き方は、川底を引きずるような傾向がみられる。そこで、恐怖心の強い子に対しては、最も浅い流れの場所を選び、徐々に慣れさせるようにした。流れに対して右側から抵抗を受ける場合、右足が外側より押される。とくに左足を軸にして右足を前方に移動させる際、右股関節を中心にして大きな力がかかるため、バランスをとるのに、左軸足の安定と両手のバランスが重要となる。

　川の流れに対し斜めに登るケースでは（写真-21）、さらに困難となり、大腿部の外側と前面の筋に負荷がかかると同時に、体を斜前方に前傾する姿勢がみられた。下りのケースでは、水流よりも移動速度のほうが遅いために、流れに逆らう力ではなく、姿勢を保ち、受け止める力が必要となる。

　本プログラムを実施する前に、成人の知的障害を有する人びとについて同様なことを行った。その際には、体重が重く、バランスが悪いためにガイドロープを張って自力でロープを伝わって歩くようにさせた。子どもの場合は、ロー

プをつかんだ部位が支点となり、足・体が流されてしまうことから、パートナーと手をつないで歩ける範囲の条件を選択して実施した。また、能力に応じ、ライフジャケット、肘・膝のパット、ヘルメットを着用させた。足底の皮膚感覚を最も感知するためには裸足がよいが、川底の石が苔で滑りやすいことから靴を履かせて実施した。

2) 川の流れに対して真っ直ぐ登る

川の流れに対して真っ直ぐに歩くのは、移動時に最も強い負荷を受ける運動である（写真-22）。比較的能力の低い対象児には深さや流速を考慮するとともに、姿勢についても四つ這いでもよいことにした。このようにして短い距離を何回か繰り返したのち、能力の高い対象児には、約1時間かけたロングコースを体験させた。

写真-20　水の深さ・流れる方向によって抵抗が変化する

写真-21　川の流れに対して斜めに登る

3）川の流れがない所で川と同じ条件を作り出す道具

　川の流れるようすや音に対して敏感であり、水に入ることに恐怖心のある対象児は、川の流れる条件と同様のシュミレーションができるように、いくつかの履き物を作成した。

① ペットボトルを用いた履き物

　この履き物は、ペットボトルを半分に切り、底に滑り止めのロープを張ったものである。さらに、踵と足首を止めるためにロープを取りつけてある。ペットボトルの側面は直進方向から抵抗を受けるように切り込みを入れ、羽根状に複数広げてある。

写真-22　川の流れに対して真っ直ぐに登る

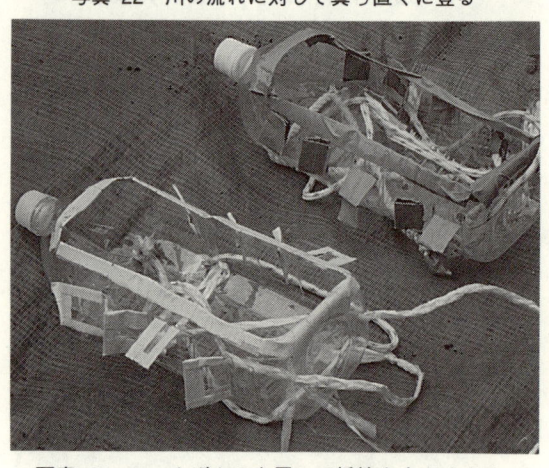

写真-23　ペットボトルを用いて抵抗を大きくする

そのため、足を上方に上げるときや前方に移動するときは大きな抵抗を受け、浅くて流れのない場所でも安全に大きな抵抗を生み出すことが可能となった（写真-23、24）。

② 衣類を入れるカゴを用いた履き物

　この履き物は、プールや風呂の脱衣に用いるカゴを半分に切り、ロープで靴に固定したものである。足底の面積が大きくなることによって歩きにくく、抵抗も大きくなる。また、網目状になっているために水があるていど抜けていくので、必要以上の抵抗とはならない。

写真-24　静水での歩行（ペットボトルの履き物）

2．筏による感覚統合トレーニング

　川のなかを歩くのとちがって、筏の場合は身体にかかる抵抗がない。また、海や湖と異なり、川の流れにしたがって筏は移動する。さらに、筏は大きさ、形状、乗る姿勢によってバランスのとり方が異なり、左右・前後・垂直方向の直線加速度、回転加速度が発生するなど、前庭覚を刺激するのに有効な用具といえよう。

　1）　ペットボトルを用いた面積が広く重心高の高い筏

　この筏は、500mlのペットボトルを6本1組でロープを用いて固定し、複数組み合わせたものである。ペットボトルは2段組の高さとし、座る部位にはベニア板を固定し、全体をロープで編み込んである（写真-25）。この筏は対象児が乗るには、比較的面積は広いが、高さがあるのでバランスが悪い。したがって、乗る姿勢は座位を基本とし、安座・立膝で乗るようにした。座る方向は前方、

108　第Ⅱ部　実践編

写真-25　面積が広く重心高の高い筏

写真-26　面積が狭く重心高の高い筏

後方とした。

2) ペットボトルを用いた面積が狭く重心高の高い筏

この筏は500mlと2,000mlのペットボトルを組み合わせて作ってある（写真-26）。したがって、乗る位置に段差があり、普通に乗ってもアンバランスになる。姿勢は、基本的に筏をまたぐ座位とした。

3) ペットボトルを用いた面積が広く重心高の低い筏

この筏は、500mlのペットボトルを16個×16個の1段で作ってある（写真-27）。左右・前後がずれないように、回りをパイプで囲みロープで編み込んだ。この筏は面積が大きく基本姿勢は安座・長座・立膝とした。能力の高い対象児には立位もチャレンジさせた。

4）プラスチック製のトタン板とペットボトルを組み合わせた筏

この筏は、プラスチック製のトタン板の底に複数のペットボトルを円状に結び固定したものである（写真-28）。板の上は浮力のあるじゅうたんを固定し、乗ったときに不快感がないようにした。また、

写真-27　面積が広く重心高の高い筏

写真-28　プラスチック製のトタン板とペットボトルを組み合わせた筏

トタンのふちで身体を傷つけないことも考慮してある。この筏は比較的バランスがよく、どのような姿勢でも乗ることが可能である。したがって、うつ伏せ・背臥・各種座位・立位での加速度を感覚刺激とした。

5) トラックのタイヤチューブを用いた筏

この筏は、トラックのタイヤチューブの上に植木用のネットを編み込み、座る位置にタオルを乗せたものである（写真-29）。タイヤチューブの筏は、他のものと異なり、流れに沿って直線加速と同じに回転加速が加わる。能力的に高い対象児には、この回転加速を他動的にさらに加えた。

以上のように川の流れを使っての筏は、湖・海と異なる直線や、回転加速を生み出すことが可能であった。また、能力に応じて道具の工夫や、他動による刺激を加えることで、個人に応じた感覚刺激を与えることができると考えられる。

写真-29　タイヤチューブを用いた筏

3．その他の川を使った遊び

写真-30は、フラフープにつかまり川の流れに逆らう遊びである。フラフープにつかまることで安心感が増し、体を水の流れに預けることができる。

また、水慣れの手段として川のなかにカラーボールを流した。流れてくるボールをバランスの悪い条件で取ったり投げたりすることは、単に自分の身体のバランス制御のみならず、視覚を働かせることや、合目的な運動が必要とされる。本プログラムでは、赤・緑・黄の3種のボールを用い、それぞれのボールを同色のフラフープのゴールに入れる遊びを試みたが（認知をともなう運動）、子どもたちは川のなかに入ることだけで興奮状態になり、色を認識したうえでの遊びにはいたらなかった。

写真-31は、せき止めた川にマスを放し、つかみ取りしているものである。対象児の多くはこのような経験はなく、魚に触るのが初めてであった。視覚障害の子どもは、とくに魚のぬめり・形・動きに興味を示したが、このプログラ

写真-30　フラフープを用いての遊び

ムは、主として皮膚の触覚を意識して実施したものである。

4. トレーニングの要点

自閉傾向を示す子どもは、自分が今まで体験してきた運動種目以外の新しいものにあまり反応を示さない。障害児プログラムで最も重要なことは、対象児の内的欲求を重視し、自ら外部環境に働きかける状態をいかに整えるかである。また、成功感と自信を得させ、次の課題に対してチャレンジしたいと思う環境をどう与えるかが最優先の課題となる。

写真-31 視覚障害児に対する魚のつかみ取り

こうした環境を与えることができたか否かについては、健常児と異なり各個人から質問紙、あるいは口答による調査から数量化することはできない。しかしながら、行動のようすを観察していくと、川でのプログラムを体験させたのち多種多様のプログラム（カヌーなど）を用意したが、再度、川でのプログラムに興味を示す者がほとんどであった。また、川歩きに積極的だった対象児は1時間かけてのロングコースに対して自らチャレンジしたいという意志を示した。これらのことから、内的動機の高い環境だったと考えられる。

本プログラムに参加した子どもたちの障害名・度合い・年齢は共通するものではない。これらを考慮して川での歩き方・履き物・筏などはできるだけ複数の条件を用意した。また、やさしいものから少しずつ困難なものへと体験させ

るようにしたが、ひとつのものが気に入った場合、その種目に固執する傾向がしばしばみられた。このようなケースでは、その種目のなかでスタッフが意図している感覚統合の目的に合致するよう、姿勢や方向・課題を設定していくようにした。

　感覚統合療法では、個々の対象者に対して、たとえば前庭系に問題があるか否か判定したのちに、それに必要な直線加速や回転加速を加え、その効果について検証する。ところが、こうした短期のプログラムでその変化を特定することはほとんどできないのが現状であろう。また、鉄棒・スキー・水泳のように技術の習得変化によって評価する種目は設定していない。しかしながら、川の流れのなかで動く筏に、うつ伏せで乗ることしかできなかった者が、座るという条件、立って乗るという条件を少しずつ克服していった点をみると、より高度で複数のバランス感覚を習得しつつあると考えられる。

　本プログラムでは、とくにこれを数量化することはしなかったが、障害児プログラムでは短期であっても何人がそれぞれの条件設定をクリアできたかを数量化することが必要であろう。また、なぜできないのか、どのくらいの時間で、何回の試行で、どのような変化がみられたか、といった記録が必要であるといえよう。

第2節　湖や山で行う感覚統合トレーニング

　本節では、湖を利用しての感覚統合トレーニング、および山登りを利用した感覚統合の可能性について検討したい。いずれも実践にもとづく報告であり、同時期に同場所で行われたものである。

　実施の状況は次のようなものであった。

　対象児は、神奈川県厚木市に在住している小学校2年生から中学校1年生までの障害児（ダウン症、自閉症その他の知的障害）13名。期間は、1997年8月

16〜18日の2泊3日。場所は、山梨県南都留郡山中湖村東京YMCA山中湖センターにて実施した。スタッフ体制は、YMCA健康福祉専門学校教職員・YMCA福祉スポーツ研究所員3名、学生リーダー16名、看護婦1名の計20名であった。なお、学生スタッフの13名は子どもたちに対して、24時間常にパートナーとして行動をともにした。

プログラム内容は図-23に示したとおりであった。

1. 湖での感覚統合トレーニング

プログラムを実施した山中湖畔は遠浅であり、徐々に深くなっている。したがって、水深は位置を変えることにより自由に調節できる。湖底は、砂・砂利が主となっており、歩きにくい条件である。また、膝下の水深は歩行を行うと負荷が大きく、足を取られるためにバランス制御が困難である。こうした条件は感覚統合トレーニングに十分に応用できる。また、湖上でのプログラムは、浮遊具を多用することによって、バランス制御の力を養うのに広く応用でき、感覚統合トレーニングのよい材料が得られるといえる。

1) 発泡スチロールの筏

写真-32、33は、発泡スチロールの箱とフタをガムテープで止め、水が入らないようにして、3個ずつ紐で結んだものである。3個1組の箱は大きさに応じて、ビニールのシートで覆い、各辺をロープで編み込むと同時にガムテープで止めてある。不安定な条件を大きくしたい場合は、各箱の間に余裕をもたせたり、個々で連結しなければよい。また、筏全体の大きさもバランスに影響するので、バリエーションに応じて大きさを調節するとよい。

筏の上での制御は、自分自身のコントロールと同時に、筏そのもののバランスをとらなければならない。したがって、2つのバランス要素が重なり合うことから通常の床面とは異なる制御が必要である。とくに水中にある物体は外力が加わった場合、元の安定した状態にもどろうとするため、個々の箱の大きさ

第2章 屋外のプログラム　115

時間	8月16日(土)	8月17日(日)	8月18日(月)
6:00		6:00起床 朝の集い	6:00起床 朝の集い
7:00		7:00朝食	7:00朝食
8:00	8:00集合 8:15バス到着		
9:00		9:00プログラム・2 「石割山ハイキング」	9:00プログラム・3 「野外調理」
10:00			
11:00		※お弁当を持って、 石割山で昼食。	※みんなでカレーを作って 昼食。
12:00	12:00到着、昼食		
13:00	13:00プログラム・1 「ウォータープログラム」		※帰り支度、部屋の掃除 終了後、自由時間
14:00			14:00山中湖センター出発
15:00			
15:30入浴	15:30入浴		
16:00			
17:00	17:00夕食	17:00夕食	17:00厚木YMCA到着
18:00		※夕食後、入浴まで 自由時間	
19:00	19:00キャンプファイヤー		
		17:30入浴	
20:00			
	20:30就寝	20:30就寝	
21:00			
	21:30リーダーミーティング	21:30リーダーミーティング	
22:00			
23:00	23:00リーダー就寝	23:00リーダー就寝	

図-23　プログラムの内容

写真-32　発泡スチロールを連結させた筏

写真-33　筏の上でのバランスコントロール

や、連結状態によってバランス制御の困難さが調節できる。

　また、こうした条件下では筏と同時に乗る者の姿勢によっても安定性が異なる。安定性を決定する条件は、接地面積の大きさ、重心の高低、重さである。したがって、姿勢は伏臥位・座位・立位の順に困難さが増すために、対象児の能力によって遊びの課題、補助の仕方が異なる。筏の上に立ったり、歩いたりできない子どもに対しては、座位か四つ這いにさせ、筏そのものに外力を加える。能力の高い子どもには、歩きながら手を添えて誘導したり、手を離して1人で移動させるようにするとよい。

　写真-33の対象児は、陸上においても歩行・走行時の動きがスムーズでない。また、急激な加速度変化に対しても適切な姿勢制御ができない傾向にある。したがって、アンバランスな条件下では恐怖心があり、すぐにしゃがみこんでしまうケースが多々みられた。そこで、最初は四つ這いにさせ、筏にゆっくりと外力を加えることからはじめた。次いで手を添えながら徐々に立位・歩行へと発展させることで内発的動機を高めることが可能となった。

　以上のように、浮遊具を用いてのバランス制御は陸上で行う運動とは異なるものがあり、感覚統合トレーニングのバリエーションには広範囲の応用ができるといえよう。

　2）　ゴムボート

　写真-34・35は市販されているゴムボートである。ゴムボートの前後にロープが張ってあり、子どもはこのロープを手操り寄せる。このとき、ボートの前後にいるスタッフは手操り寄せた分だけロープを移動させる。水中に沈んでいる物体は、その表面積に比例して抵抗が大きくなると同時に、速度の二乗に比例して、やはり抵抗は大きくなる。したがって、ボートに乗りながらロープを手操る動作には、陸上で行う動作よりも大きな筋力が必要である。さらに手・腕だけではうまく引けず、全身を使わなければならない。

　ロープを引けない子どもに対しては、ボートそのものを前後に動かして加速

写真-34　座位によりロープを手繰り寄せる運動

写真-35　伏臥位によりロープを手繰り寄せる運動

度を発生させることで感覚統合トレーニングに応用した。写真-34・35の対象児は、それぞれ異なる姿勢で実施した。写真-34の対象児は腕の筋力が弱い子どもである。それに対応するためにロープを緩めにして、まず引く感じを体験させた。次いでロープを強く張った状態で握らせ、指導者が引く（受動的筋力）ようにして対応した。写真-35の対象児は比較的筋力があるために伏臥位をとらせ、ボートの先端が沈むようにし、抵抗が大きくなるようにした。

　ボート内で上手にロープを引くには、進行方向に抗する固定点を身体の一部で作る必要がある（座位であれば両足を突っ張る）。すなわち、この種目は、姿勢制御と同時に力の発揮が要求されるものであり、したがって、個人の能力や障害の度合いによって姿勢が重要となる。やさしい課題からスモールステップで徐々に困難な課題を与えて、成功感・達成感を得られるよう考慮した。

3）　連続浮き輪

　写真-36は、複数の浮き輪を紐で連結したものである。浅い場所では静的・

写真-36　連続浮き輪

写真-37 カヌーの上よりボールを投げる

動的状態にある浮き輪のなかを歩く。湖底は砂利や砂の条件であり、しかも、膝下位の水深のため、脚がとられてバランスの制御がむずかしい。浮き輪の数や大きさは、遊びの要素や人数によって選択する。また、色別することで動きのパターンを意図的に提示することも可能である。

4） カヌーを用いてのゲーム

写真-37は、アニメキャラクター（バイキンマン）を的に見立て、カヌーの上からボールを投げるゲームである。カヌーは人の乗る位置やパドル（櫂）の使い方によって安定性が異なる。今回のケースは2名のスタッフがカヌーを操り、対象児を同乗させ、ボールを投げるようにした。カヌーのような不安定条件下において、自分自身のバランスをとりながら、的にボールを投げる運動は複数の感覚が必要となる。

写真-37の対象児は、水泳がすでにできる子どもであり、水に対する恐怖心はない。また、ボールを投げることも十分にできる。こうした子に対しては、

視覚と手の協応性、バランス制御と投げる動作、というふうに複数の感覚を同時に与えることが重要である。そのため、明確な目標物（バイキンマン）を提示することで集中力を高めることが有効である。指導者は個人の能力に応じて目標物との距離を遠くしたり、カヌーを大きく揺らすことでバリエーションを広げることができる。

5） 水を利用したトレーニングの要点

本プログラムは、屋内で行われる感覚統合トレーニングの種目を、湖というフィールドに応用したものである。水の物理的特性は、水深や移動速度によって圧力・抵抗・浮力などが異なり、陸上ではできない運動刺激を作り出せることである。また、浮遊具を使うことで、あらゆるバランスコントロールを導き出すことが可能である。指導者は水の物理的特性、感覚統合のメカニズムを十分理解することによって、どのような刺激を与えることにより、どのような反応が導き出されるかを予測することができる。また、こうした知識の蓄積は、神経系の発育発達に沿って、やさしいものからむずかしいものへと課題を設定できる。

なお、本プログラムにおける安全対策としては、スタッフのマンツーマン体制、ライフジャケットの着用、靴の着用（湖底には貝やガラスの破片がある）などに配慮した。

以上のように湖での感覚統合トレーニングは応用範囲が広く、指導者の能力によっては高度なプログラムも可能なフィールドである。

2．山登りにおける感覚統合と運動量

登山プログラムは、ゆっくりとしたペースで長時間歩くことによって、日常生活以上の運動量を確保するとともに脚筋力のトレーニングにも活用できる。さらに、山のあらゆる条件（斜度、滑りやすい、岩場、木の根）を外乱刺激として、身体のバランス制御、反応を引き出すことが可能である。しかしながら、

障害をもつ子どもたちはたんに山に登るという動機だけでは困難である。また、これまで実際の運動量がどの程度なのか明らかにした報告が少ないのが現状である。ここでは、山のフィールドを用いて、動機づけの方法論、実際のエネルギー消費量を算出したプログラムについて紹介する。

　1）　動機づけを高める工夫
① 　ストーリー性を与える

　アニメキャラクター「アンパンマン」を用い、山にはバイキンマンによって連れ去られたアンパンマンとその仲間たちが捕われており、それを助けに行くというストーリーを設定した。あらかじめ、つかまっている登場人物や場所を記した地図をちぎったものをかくしておき、それを探して組み合わせ、地図を完成することからスタートした。さらに朝の集いでは、このストーリーを紙芝居にし、全員に話してきかせた。

② 　チェックポイント

　全行程を24ポイントに分割し、たとえば第1ポイントではカレーパンマンを救う場とする。あらかじめカレーパンマンの絵を4つに分割してかくしておく（写真-38）。それを見つけてパズルのように組み合わせ、パズルが完成したグループは一人ひとりがそのキャラクターを描いたシールをもらえる（写真-39）。その際、メッセージを封筒に入れておき、ほめことばと次の指令を与える。各チェックポイントには、遠くから見えるよう白い布を木に縛り、目標への距離を明確にした。

③ 　グルーピングと色分け

　対象児を能力別に3グループに分けておき、赤・青・黄とした。最初の地図やチェックポイントのキャラクターもすべて色別にした。

　2）　エネルギー消費量の測定と算出

　各対象児にはあらかじめ万歩計をつけさせ、各チェックポイントで時間・歩数・消費カロリー・脈拍を記録した。なお、消費カロリーは平地でないため、

写真-38　各ポイントに4分割されたアニメキャラクターが隠してある

写真-39　パズルができあがると同じキャラクターのシールがもらえる

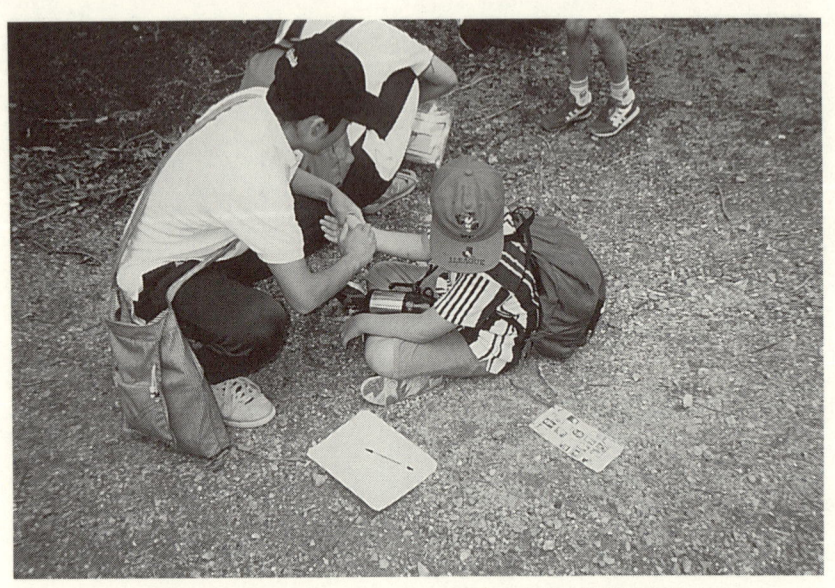

写真-40　各チェックポイントで脈拍・時間・歩数を記録

各チェックポイント間の斜度を別に計測しておき、体重・斜度・速度（分速）から、酸素摂取量と消費カロリーを計算しなおした（写真-40）。エネルギー消費量の算出方法は、水平方向歩行時vo2（vo2＝酸素摂取量）、垂直方向歩行時vo2、安静時vo2を加算したものであり、一般的には下記に示した算出方式を用いる。トレッドミルを用いる場合は速度・斜度を一定にしてあるために、体重と運動時間から酸素摂取量とエネルギー消費量を直接あるいは、間接的に算出することができる。

水平方向歩行時vo2＝0.1ml／kg／分×速度（m／分）　　　→①
垂直方向歩行時vo2＝1.8ml／kg／分×斜度（％）×速度　　→②
安　静　時vo2＝3.5ml／kg／分　　　　　　　　　　　　→③
昇り坂歩行時のvo2＝①＋②＋③ml／kg／分　　　　　　　→④
④はmlであり、これをリットルにする　　　　　　　　　→⑤
酸素摂取量1リットル＝5kcalであるから

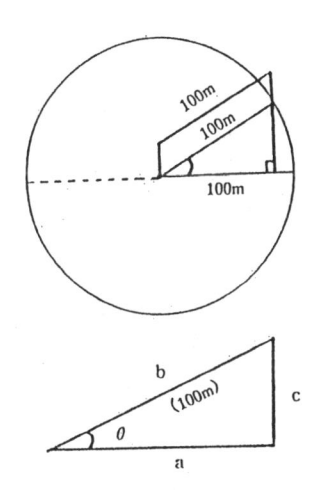

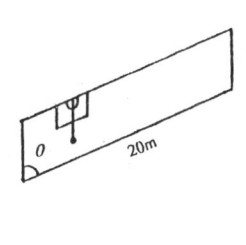

20m毎に計測し、5回分(100m)の平均角度を代表値角度として斜度（％）に換算

$\sin\theta = c/b \quad \cos\theta = a/b$

ex) $\theta = 12$度の時　関数表より $\sin\theta = 0.207912$　　$b = 100m$

$0.207912 = c/100$
$c = 20.7912$・・・・・①
関数表より $\sin\theta = 0.978148$
$0.978148 = a/100$
$a = 97.8148$・・・・・②
①、②より
$100 : x = 97.8148 : 20.7912$
$x = 100 \times 20.7912 / 97.8148$
$x = 21.55679$
$x ≒ 21.26$

斜度％の算出式

$x = (100 \times \sin\theta) / \cos\theta$

図-24　実測による角度(度)から斜度(%)の算出法

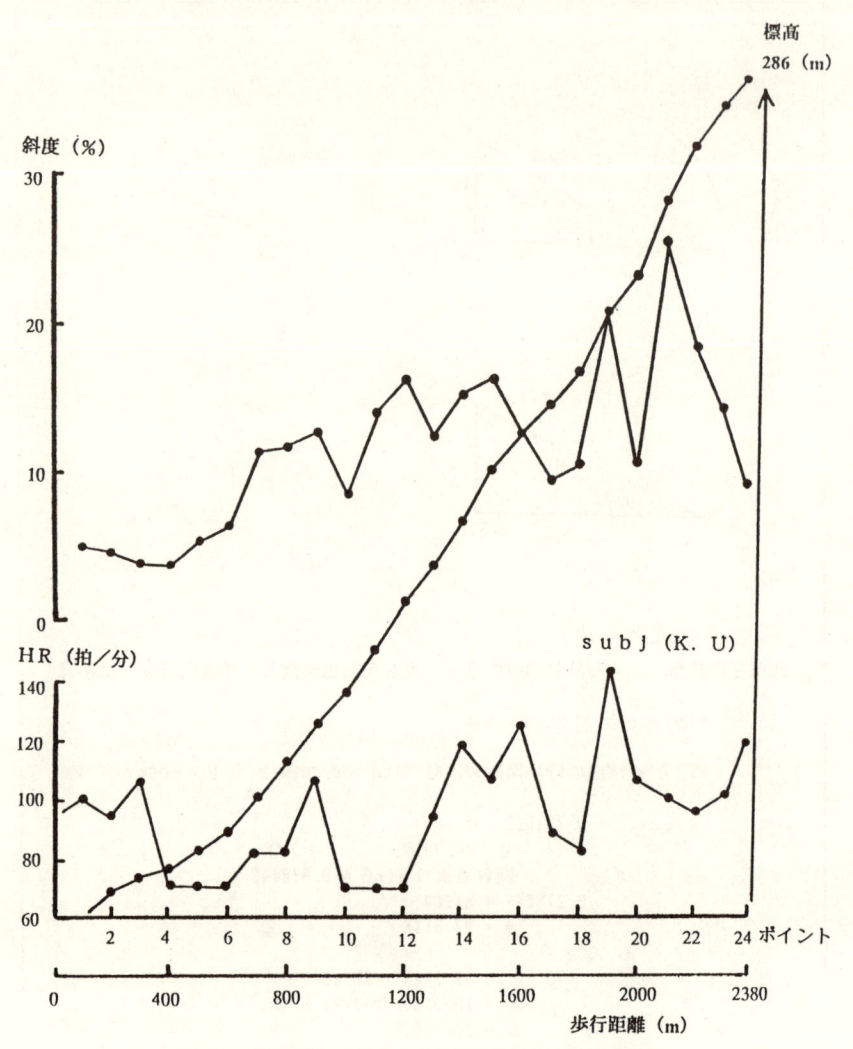

図-25　登山プログラムにおける斜度・心拍数の変化

昇り坂歩行時におけるエネルギー消費量（kcal）　　→⑤×5

しかし、実際の登山では、一定の斜度が続くことはなく、変化に富んでいる。さらに、エネルギー消費量の算出式を用いる場合、斜度の提示は％（100m水

平移動したときの垂直距離）であり、度ではない。そこで20mごとに斜度（度）を実測し、5回の平均を100mあたりの平均角度（度）として算出し、図-24にしたがって角度（度）から斜度（％）を算出しなおした。こうした手続きを踏まえて100mごとの歩行時間を計測し、歩行速度（m／分）を実測し、登山時の酸素摂取量、消費カロリーを換算した。

　3）　プログラムの結果と考察

　本プログラムで用いたコースは、図-25に示したように、歩行距離約2400m、最大斜度14.6％、平均斜度6.8％、標高差286mであった。斜度の変化は全24ポイント中（2400mを100mごとに分割）、前半6ポイントまで緩斜面が続き、徐々に高くなり16～21ポイントまで比較的急斜面が続くコースであった。この間、石の多い場所、滑りやすい場所が点在し、足関節・下肢筋群の感覚受容器に与える影響は高く、姿勢制御に関する条件が多々認められた。図中の心拍変動は、ポイントの斜度の変化と同様の変化を示していた。

　本プログラムでは、動機づけの方法として、アニメキャラクターを用いてプログラム全体にストーリー性をもたせ、各ポイントごとにばらばらになったパズルを発見させるなどして登行した。しかしながら、内容を理解して目標を達成したのは10名中3名であり、それは日ごろアニメに関心があったり、理解力が比較的高い子どもであった。その他はアニメによる動機ではなく、全員が登頂はしたが、各パートナーとの別のやりとりのなかでの登行であった。動機づけの方法論についてはさらなる検討が必要といえよう。

表-6　平地歩行(理論値)と登山時のエネルギー消費量の比較

被験者	酸素摂取量(ℓ)		エネルギー消費量(kcal)		
	平地vo2	登山vo2	平地	登山	平地100％に対する登山kcal
Y.A	16.92	27.65	84.6	138.27	+63％
K.U	46.48	78.17	232.4	390.83	+68％

心拍数の変化は、ほとんどの子が140拍を下回っていた。プログラムを実施する前に、7歳の健常児に同様な行動をとらせ計測したところ、最高207拍まで上昇していた。しかし、本プログラムではこのようなケースは認められなかった。その原因としては、各ポイントが100m単位であり、比較的短い距離での計測であったこと、また、苦しいと思える負荷に自分から追い込むことができず、自動的にペースを制御した点が考えられる。短いポイントで区切ったのは、100mごとに斜度の変化、速度を計測し、エネルギー消費量を把握する必要性からであるが、実際には普通に登山する場合、30分～1時間ごとの休止でないと歩くことに対する集中力が薄れてしまう。

　表-6は2名の酸素摂取量とエネルギー消費量を示したものであるが、登りだけの消費カロリーは、Y・Aで139kcal、K・Uで391kcalであった。この値は同速度で平地歩行したときの約65%増であり、運動量は十分に確保されていたことが知られる。

第3節　雪上での感覚統合トレーニング

　健常児の場合、発育発達に応じ、遊びという探索活動を通じてさまざまな感覚の入力コントロールが行われ、脳発達のために適切な刺激が得られる。しかし、障害をもつ子どもの多くは、こうした体験の絶対量が少ないといえよう。

　感覚入力のコントロールは、人間と外部環境との相互作用によってなされる。この相互作用のほとんどの部分は、身体活動を通じて行われる。したがって、感覚統合療法の主たる内容は、対象児の神経状態に応じ、感覚刺激の質量をコントロールをすることにある。だから、感覚統合を治療という視点からみるならば、対象児個々の神経レベルを評価し、必要な刺激を選択的に与えなければならない。そのため、少人数で比較的狭い場所で行われるのが一般的である。

　しかしながら、身体活動は、その与えられた環境によって最も重要な要素と

なる内的動機が異なる。狭い場所に対して、山や草原、小川といった自然環境は、子どもにとって魅力的な遊び場であり、内的動機を最大限に引き出す環境といえる。本節では、雪上での感覚統合トレーニングの方法論について紹介したい。

1. 実施の要項と事前の準備

対象児は、神奈川県厚木市在住の小学校1年生から中学校2年生までの障害児16名。障害の内容は、自閉症ほかの知的障害および視覚障害であった。期日は1998年3月26日に日帰り、場所は日本ランドＨＯＷスキー場（静岡県裾野市須山）で実施した。

スタッフ体制は、ＹＭＣＡ福祉スポーツ研究所研究員3名、ボランティアリーダー17名の計20名であった。なお、ボランティアリーダーは各対象児に対して、出発から解散までマンツーマンの体制とした。

事前準備として、3ヵ月前に、父母を対象にプログラムの目的・内容を周知するため事前説明会を実施した。また、1週間前には、持ち物リスト、実施要項を配布するともに、衣服に対する配慮事項、手袋などの着脱練習を家庭内でしてもらうよう説明した。健康管理については、調査表（担当リーダーに知っておいてもらいたいこと、常備薬など、特記事項を含む）と健康保険証添付用紙に記入してもらった。知的障害をもつ子どもにはてんかん発作のある場合が多く、それを防止するための薬を一定時間ごとに服用しなければならないため、薬の性質を把握しておく必要がある。

当日は出発日調査表を提出してもらった。この表は出発日以前（5日間）の体温・便通・食欲・睡眠などを記入するものである。出発前に便通がなかった場合に、それが前日か、あるいは前々日かによって対処のしかたが異なったりするからである。

各プログラムの事前準備として、種目ごとに担当者名・日時・場所・目的・

写真-41　雪上電車ごっこ

内容・安全対策を記入し、図説しておいた。

2．いろいろなプログラム

1）　雪上電車ごっこ

　子どもたちを、あらかじめ3グループ（各5～6名）に分け、赤・青・黄色のワッペンを腕につけさせた。鬼になった子どもは、ワッペンと同じ色のフラフープをもち、同色の仲間をフラフープでつかまえる（写真-41）。鬼につかまった子が先頭に立ち、次々に肩につかまり電車のように連なる。各班のメンバー全員が連結したまま指定されたチェックポイントに行く。

　チェックポイントには担当者が待機しており、担当者の真似や指示された動作を行う。たとえば、担当者が子どもたちに雪玉を作らせ、自分の顔にこすりつけるように指示を出すが、これは体性感覚における皮膚感覚の感触、冷覚に対する刺激を意識したものである。運動そのものにおいても、同じ色を認識さ

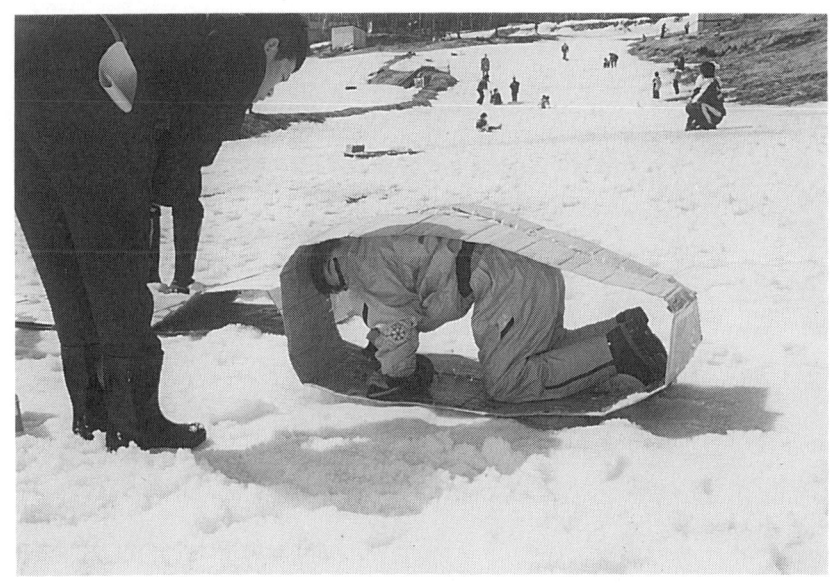

写真-42 雪上ダンボーラー

せたうえで、歩きにくい雪のなかを連なって動くために、筋・腱・関節に存在している固有感覚受容器に対して刺激を与えることになる。

2) ダンボーラー

写真-42は、ダンボールをキャタピラーにみたて、そのなかに子どもが入り動かす運動である。方向の指示は、目標物となるようにダンボールの箱を置いてボーリングのピンにみたて、それに向かっていくよう声かけをした。この遊びは比較的むずかしく、自分が動く（手・膝）タイミングとダンボールが動くタイミングとが上手にかみ合わないと前に進むことができない。また、左右の手の動きが均等でないとまっすぐ進まない。したがって、この種目は高度な運動企画能力が要求されるものであり、比較的レベルの高い子どもでないと無理であった。

3) ソリを用いたプログラム

① 竹製および市販のソリ

写真-43 頸反射を促進する姿勢

写真-44 波状のプラスチックトタンのソリ

ソリの滑りやすさは、形状、重量、材質、乗る姿勢によって異なる。用意したものは3つのタイプがあり、それぞれ(1)竹で作成した比較的大きく重いソリ、(2)竹製で小さくて座席の位置を高くした重心の高いソリ、(3)市販のプラスチック製の平たいソリ、である。外乱刺激は前庭覚に対する直線加速度である。刺激の強度コントロールは、平地ではリーダーがロープ

写真-45　タイヤチューブのソリ

を引く速度で調整した。斜面では斜度の選択と、後方よりロープを用いて速度制御を行った。感覚刺激は、ソリに乗る姿勢によってスピード感やバランスコントロールが異なる。姿勢は座位、背臥、伏臥の3種類とした。重心の高いソリを用いる場合やスピードに対して恐怖心のある子どもには座位を基本とした。能力的に高い子どもには、各種の姿勢をとらせるとともに速い速度で実施した。伏臥の場合、頚反射を促進できる要素を含んでいる(写真-43)。前庭覚に対する刺激は、強い場合に交感神経に働き、弱い場合は副交感神経に対して働くため、対象児の現能力に合わせて強度を選択するように留意した。

② 波状プラスチック製トタンのソリ

　写真-44は、波上のプラスチックトタンの先端を丸めて作成したソリである。トタンのふちは、ケガをしないようビニールホースをひもで編み込んで止めてある。先端には内側からゴムのボールを入れ、第三者に危害を加えないようにしてある。また、手でもつロープは、右側面に取りつけてあるため、強く引く

写真-46　亀の甲羅状ソリ

写真-47　雪上でのフィン歩行

とソリが右にたおれ、外に投げ出されるようになっている。このソリは速度が速いので、前庭覚における直線加速度が感覚刺激となる。

③　タイヤチューブのソリ

　写真-45は、トラックのタイヤチューブをソリにしたものである。このソリは滑走しながら直線加速に加えて、回転が加わる。したがって、前庭覚における直線および回転加速が感覚統合の刺激となる。

④　亀の甲羅状ソリ

　写真-46は、ダンボールと

ビニールシートによって亀の甲羅状に作成したソリである。このソリは、左右・前後に不安定であると同時にイレギュラーな動きをする。したがって、対象児は方向が変化するごとに自分のバランスを修正しなければならず、姿勢反射が働くように作成してある。

4) 雪上での歩行

雪上での歩行は、単純に登り降りするだけでも、足が雪のなかに沈んで歩きにくく、運動量および感覚統合にとって有効である。本プログラムでは、さらに歩きにくい条件を与えるため、

写真-48 カンジキによる歩行

水中に潜るときに使うフィンを履かせて登り降りさせたり、手足にビニール袋をつけて2足あるいは四つ這いで歩行をさせたりした。いずれもバランスが取りにくい運動条件であった（写真-47）。

5) カンジキ

カンジキ（写真-48）は、深雪の上をあるくとき足が沈まないようにする歩行具で、足底の表面積を大きすることで、雪面にかかる圧力を分散するようにしてある。輪の部分は固く、足が乗る部分はヒモのため、各方向に力が分散するのである。このようなトレーニングのためのカンジキは、比較的容易に作ることができる。すなわち、ゴムホースのなかに細い竹を入れて輪を作り、ビニールロープで足をのせる部分と連結すればよい。作ったものは、形状や大きさ

が異なり、左右が均等でないものを意図的（外乱刺激）に用意した。本プログラムは3月下旬に実施されたため、雪がほとんどなく、本来の目的を達成することはできなかったが、固い雪を歩くだけでも十分歩きにくく、感覚統合に必要な外乱刺激となった。また、走ったり、緩斜面を歩いたりして変化をつけるようにした。

6) 缶ポックリ

これは2つの空き缶の底に穴をあけて紐の両はしにくくりつけ、それぞれの缶に足を乗せ紐を手で引いて歩くという、子ども

写真-49 雪上での缶ポックリ

の遊びである。雪上での缶ポックリ（写真-49）は、固い床面で行うのとは異なり、接地面に対する圧が均等にかからない。また缶のなかに雪が入り込み、重量の面でも異なる。したがって、足関節・膝関節などの諸関節や腱・筋にある固有感覚受容器には外乱刺激として感知されることになる。缶ポックリをはいての歩行は、手足における左右の協調性が必要であり、能力的に低い子どもにはむずかしい。斜面での歩行は、普通の床面と異なり、缶の前方のみを雪にくい込ませると同時に、身体を前傾させなければならない。この種目は、深い雪よりも浅くて固い雪が適しているといえよう。

写真-50　バスの大きさ・形を確かめている視覚障害児

3．プログラムの要点

　本プログラムは、屋内で行われている感覚統合トレーニングを雪上というフィールドに応用したものである。子どもたちは、雪のなかに置かれただけで走りはじめ、雪のなかに手や身体全体をつけたりした。すなわち、雪は感覚統合にとって最も重要な内的動機が高い環境といえる。雪上では、バランス制御がむずかしく、滑り落ちやすいので、加速度の発生の仕方が陸上と異なる。平地を歩く・走る、斜面を滑り落ちるといった単純な移動でも、運動不足にある障害児にとっては、かなり活動量の多いプログラムといえよう。また、道具やゲームを用いることで、飽きない工夫が可能となる。

　さらに、障害児のキャンプ・プログラムはバスでの移動時間、トイレ休憩、ゲレンデの移動、食事、プログラムとプログラムの間の時間などに余裕をもたせなければならないが、この時間の使い方も重要である。たとえば、本プログラムには視覚障害をともなう子どもが含まれていたが、視覚障害の子どもは、

写真-51　カラーマットを使っての感覚刺激

　個人の性格にもよるが、知的障害の子どもと異なり、いろいろな質問を発することが多い。写真-50はプログラム終了後にバスに乗り込む場面であるが、この子どもは、バスの大きさについて興味を示し、手で実際に触りながら、ヘッドライトやタイヤの大きさ、バス全体の大きさを担当のリーダーと話をしながら確かめていた。こうしたことのひとつひとつも感覚統合のトレーニングとなるのである。

　また、各プログラムは、対象児の能力、個人の興味によって長く続かない場面が多々発生する。こうしたときは指導者の判断によって、無理をさせず、個々に異なる方法で実施するとよい。写真-51は、雪の上で休憩できるように持っていったカラーマットに子どもを乗せ、左右・前後に揺らしている場面であるが、この揺れは直線加速であり、前庭感覚に刺激を与えるプログラムとなる。

　雪上のみならず、キャンプのあらゆる場面において、指導者が感覚統合の理

論的背景を理解していれば、その範囲はより広がるのである。

第4節　氷上での感覚統合トレーニング

　感覚統合の一般的な方法論は、主に平衡感覚を司る前庭覚や筋・腱に存在する固有感覚に刺激を加え、複数の感覚を脳で統合させ、適切な反応を導き出そうとするものである。こうした条件を活かす遊び道具やフィールドは無限に存在する。感覚統合トレーニングを実施するにあたり、とりわけ重要なのは対象児の内的動機であり、フィールドの選択や魅力的な遊具の提供は、こうした内的動機を高めるうえで必要不可欠な条件となる。

　これまで湖・山・川・雪といった自然のフィールドを用いての感覚統合トレーニングの可能性を探ってきたが、氷上は、これらの条件のなかで最も不安定な条件のフィールドといえよう。本節は、障害児を対象とした氷上でのプログラムを紹介したい。

1．実施の概要

　対象児は小学1年から中学2年までの知的障害児16名。期間は1999年3月16日に日帰りキャンプとして実施した。場所は日本ランドHOWゆうえんちスケート場。スタッフ体制はYMCA福祉スポーツ研究所研究員2名およびYMCA健康福祉専門学校の学生リーダー22名であり、キャンプ中のすべての場面はマンツーマン体制とした。

　プログラム内容は、ソリ、アイス・ホッケー、その他道具を使っての運動などさまざまである。さらに希望者にはスケートを実施したが、チャレンジしようとした者は16名中9名いたものの、スケート靴を履くまでの段階や陸での歩行練習の段階で7名がリタイヤし、実際には行われなかったた。

　事前に、まず氷の上に立たせるにあたって、片足に靴の上から軍足を履かせ、

滑りにくい足と、もう一方の滑りやすい足を意図的に用意することから、徐々に氷上へと導くことにした。

2．さまざまなプログラム

1) 氷上でのソリ

① 安定性のよいソリ

写真-52は、ワゴン車に取りつけられている鉄パイプ製ハシゴ廃材とプラスチックケースで作ったソリである。このソリ

写真-52　安定性のよい氷上ソリ

写真-53　不安定な氷上ソリ

第2章　屋外のプログラム　141

写真-54　滑走面が1本のパイプになっている

は、滑走面が二本のパイプ状になっているため、安定性がよく滑りやすい。他動運動では、指導者に引いてもらい、直線・回転加速をかけるようにした。姿勢は座位とし、能力の高い子どもには中腰にするように指示した。自動運動では、片膝をソリの上に乗せ、もう一方の脚で蹴ることで推進するようにさせた。その際、ソリの前に手で握れるようグリップをつけ、蹴る足には滑り止めの軍足を靴の上から履かせた。この運動は直線・回

写真-55　氷上スクーターボード（背臥位）

転加速により前庭覚への刺激、および脚筋力のトレーニングをねらいとして実施した。

② 不安定なソリ

写真-53・54は、ボードの下に直径40mmのプラスチック製パイプを取りつけた不安定なソリである。滑走面は、前後の滑りをよくするため、パイプ両端部分を加熱してつぶし、上方に向けてある。このソリは、滑走面が一本のパイプになっているため、ボードの上に乗ると左右方向に回転加速が加わり、不安定となる。運動は他動運動とし、姿勢は伏臥・正座・安座とした。速度は個人の能力に応じて調整し、能力が高い者は直線加速に加え、回転加速も加えるようにした。

③ スクーターボード

写真-55は、氷上でのスクーターボードである。このボードの使い方は、仰向け・座位の姿勢で上方に張ってある約20mのロープをもって、引きつけなが

写真-56　スティックを使ったカラーホッケー

写真-57　グローブ状打具を用いてのシュート

ら進むものであり、腕の筋力を意識して実施された。また、筋力が十分でない対象児は、ボードの前後に補助ロープをつけてあり、両サイドから、指導者が各個人の能力に合わせ負荷を軽減できるようにしてある。

2）アイス・ホッケー

① カラーホッケー

写真-56は、ホッケーのパック（ただし木製）を赤・青・黄の3色に塗ったものと、シュートするためのゴール（植木鉢を

写真-58　スティックを使ってのパックコントロール

入れるカゴの片側をカットしてあり、もう片側に3色が区別できる板をつけてある）を示している。この運動では、指導者があらかじめ色の選択をし、そのパックの色と同色を示すゴールにシュートさせる。また、能力に応じ、赤いパックを青いゴールへ入れるなど異なる色の組み合わせを指示する。スティックは、プラスチック製のパイプを加工して作ってあり、大きさ、重さ、長さがそれぞれ異なり、個人の能力に応じて選択する。この運動では、スティックとパックとの距離感、パックにヒットさせる力のコントロール、パックと目標物に対する距離の推測など、複雑な運動要素が含まれている。また、スティックを使うのが困難な対象児には、取手のついているグローブ状の打具（写真-57）を用いてシュートさせるなどする。

写真-59　パックを両面より挟むスティック

② スティックを用いてのパックコントロール

　写真-58は、目標(障害物)となるカラーコーン（道路工事などで用いる赤い円錐状の標識）を置き、この間をスティックを使って運ぶ運動である。運動のバリエーションは、コーンの置き方、距離、道具（スティック）の大きさで変化を加える。すなわち、コーンの置き方によって単純に回ってくるものから、8の字に回らせるなどする。また、スティックは、パックを両側から挟んでしまうもの（写真-59）、通常のスティックのように両面を使えるもの、重量のあるもの、先端が大きいものなどを能力に応じて選択する。

3) 片足に物に乗せ滑って運ぶ遊び

写真-60は、プラスチックボードにビニールホースを取りつけて靴のまま履けるようにした、滑走面の大きいスケートである。運動は、この履き物を片足に着け、その足に貝の形をした玩具（運ぶべき目標物）を乗せながら一定距離を運ばせるものである。その際、貝の色や数に変化を加える。また、貝のかわりに、数字や動物が形抜きになっている遊具を用いて、たとえば、スタート時点であひるの型抜きを渡し、運ばせたのち、ゴール地点には多数の枠が置いてあって、そのなかからあひるの枠をみつけてそこに入れさせるようにする。

写真-60　足に物を乗せたまま運ぶ遊具

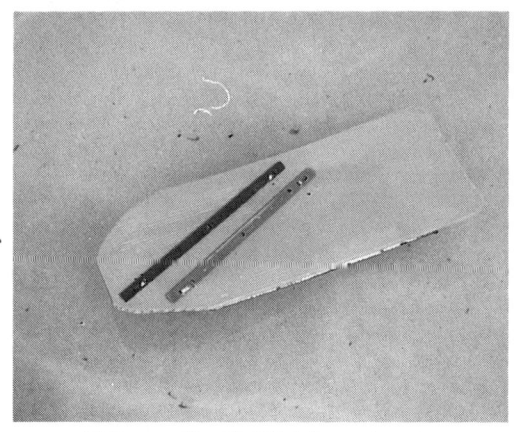

写真-61　真っ直ぐ進まないスケート

この運動では、片足で蹴ることによって、もう一方の足につけたスケートが滑走するが、そのとき足の上に乗せた貝などを落とさせないように移動しなければならないため、自分のバランスと貝を落とさないというバランスの2つの平衡機能が要求される。

また、写真-61のスケートボード（写真は裏面）は、板の上にスリッパをつ

146　第Ⅱ部　実践編

写真-62　氷上での釣り

写真-63　氷上でのボーリング

けてあるが、ボードの下には2本の刃がスリッパの向きに対してやや斜めに取りつけてあり、真っ直ぐに進もうとすると、ボードが外側に滑走するように作ってある。そのため、視覚からの情報、および過去の体験や情報から組み立てた運動が、走者の思いどおりにならず、しばしば修正しなければならない運動となる。

4）氷上での釣り

写真-62は、タコ・星・車などの形のパネルをつり上げる遊びである。これらの目標物は、さらに赤・青・

黄の3色を用意してある。したがって、対象児には物の名称、形、色、数の組み合わせによる課題が多数設定できる。名称や数の理解ができない子どもには、あらかじめ目標物を見せ、「これと同じものを釣ってごらん」と提示するようにした。色や形、名称が理解できる子どもには、「赤いタコを2つ釣って」といった指示をすることで、物の名称、形、色、数の概念などを、遊びを通して学ぶことができる。運動の技術としては、竿を介して揺れる糸と針をコントロールしなければならず、視覚、腕、手、指の徴細な筋、関節などにおける固有感覚に刺激が加わることになる。

5) 氷上ボーリング

写真-63はボーリングのピンにみたてたペットボトルとボールにみたてたプラスチック円盤（漬け物を漬けるとき石を載せるもの）である。この運動は、プラスチック円盤を氷上に滑らせるように投げて目標物を倒す遊びである。スポーツにおける投運動は、投げる物の形、重量、ルールによって投げる技術が異なる。この運動では、ボーリングの要素である目標物をたおすこと、および投げる物が円盤状になっているのでフライングディスクを投げる要素が含まれる。さらに氷上を滑走させると同時に、足場が陸上と異なり、不安定という条件が加わる。したがって、自分のバランスを保ちつつ、投げるコントロール（力、距離、的あて）といった複数の感覚を必要とする運動である。

3．氷上プログラムの要点

氷上での感覚統合トレーニングにおいては、氷という特殊な環境に対象児が全員興味を示した。しかし、氷上での運動を促すための道具として、氷上ソリとそれ以外の物を用意したが、それらの遊びに対する参加率をみると、40％を越えたのは氷上でのソリ種目のみであった。

一方、道具を使って打つ、運ぶ、釣る、投げるといった遊びには、ごく少数の子どもしか興味を示さなかった。とくに複数の技術を要する運動や、名称、

形、色、数などの認知をともなう運動では、長時間にわたる興味の持続性はほとんどみることができなかった。たとえば、釣りそのものには熱中するが、そこに色、数などの概念が入ることによって、内的動機はいちじるしく低くなる傾向を示した。

本プログラムでは、個人差を考慮し、複数の課題を用意したが、身体運動に知的要素を組み入れる場合は、できるかぎりシンプルな条件にしないと混乱を引き起こすということが知られた。とはいえ、身体活動を主とする運動（学校教育でいう体育の授業）のなかに数字、色、言語、社会性といった複数領域でなされる学習を同時に学べる場面設定が本来可能であり、そのためには課題内容を整理することで動機を高めることが必要であり、運動領域を越えた感覚統合トレーニングの内容を研究することが、これからの課題となるであろう。

第5節　知的障害者におけるキャンプ

近年、社会福祉施設や障害者サークルのレクリエーション活動の一環としてキャンプがとりあげられることが多い。肢体不自由者のキャンプや、健常者と障害者がともに参加するキャンプ（インテグレーション・キャンプ）などいろいろな形態のものがあり、また用具の開発により、カヤックやスキーなどのスポーツもさかんに実施されている。さらに、こうした現象にともない、キャンプ場は障害者用トイレが設置されるなど整備されて、バリアフリーの（段差のない）環境になりつつある。

このように、施設や道具の開発にともない、障害者においても、レクリエーション活動全般が実施しやすい条件が整えられてきている。しかしながら、キャンプ・プログラムのソフトについては不十分といわざるをえない。その大きな理由は、各個人によって障害の種類・度合いが異なることである。とくに知

的障害を有する成人に対するキャンプは、いかにコミュニケーションをとるかが問題となる。また、これまで単独の施設の職員と所員で行われることはあっても、複数の施設が合同でキャンプを行うことはきわめて希なことであったといえよう。

本節では、異なる施設の職員・所員、およびボランティアリーダーの交流を目的とした野外キャンプの実践例について紹介したい。

1．キャンプの概要

対象者は、3つの知的障害者施設に属する知的障害者（以下、メンバーと略す）12名であった。スタッフ体制は、施設職員、YMCA健康福祉専門学校の教職員・学生リーダー・卒業生ボランティア（看護婦1名を含む）およびYMCA福祉スポーツ研究所の研究員、計32名で実施した。なお、キャンプ中のすべての行動は、マンツーマン体制とした。

対象者を理解するために、障害の度合い、性格を知るために事前に調査表を配布し、その内容から担当リーダーが各人を把握できるようにした。また、キャンプ実施前に事前交流会を企画し、調査表の内容だけでは十分に知りえない対象者の動き・行動・性格などを、レクリエーション活動や食事会のなかから観察検討した。

写真-64　川の横断

150　第Ⅱ部　実践編

写真-65　斜面の登降

ガイドロープ

● …メンバー
○ …リーダー
‑‑‑▶ …メンバーの流れ
──▶ …川の流れ

A～B・・・20m
B～C・・・20m
C～B・・・30m
全長　約70m

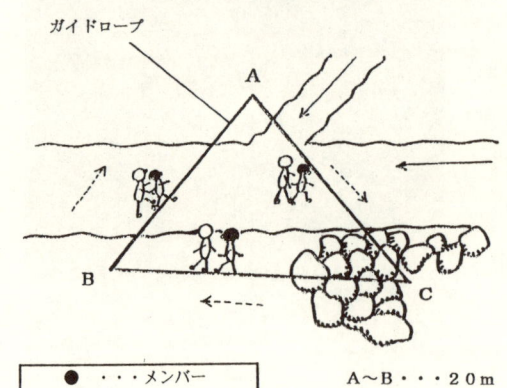

図-26　川でのサーキットプログラム

　場所は、神奈川県山北町にある「河内川ふれあいビレッジキャンプ場」で、期間は、1998年の8月10日～12日の2泊3日であった。

　キャンプの内容のうち特筆すべきものは、身体活動を主眼とした川でのサーキットトレーニング、およびコミュニケーションとしてのキャンプファイアであった。川遊びによるトレーニングについては、すでに第1節で詳しく述べたので、本章では簡単にプログラム内容を紹介するにとどめ、ここではトレーニングにともなう身体状況の変化、およびキャンプ全体を通しての参加者のようすについて記すこととする。また、キャンプファイアについては、実施の状況と検討課題を整理した。

2．身体活動をともなうプログラムと課題

1）川でのサーキットトレーニング

川でのサーキット・プログラム（写真-64・65、図-26）は、川の流れに対して斜めに横断すること（図中-AB間、BC間）と、陸上の斜面を登降するもの（図中-BC間、AC間）をサーキット形式で実施した。川での歩行には、靴を履かせライフジャケットを着用させると同時に、歩行路に沿ってガイドロープを張った。対象者はパートナーとともに、ロープの川下側に配置した。流れの速さや深さ、川底の条件は、対象者の条件を考慮し、図中のB点の位置を移動させることで変化を加えた。川岸の斜面登降については個人の能力に応じ足を運ぶ位置・方向について変化を加えた。

プログラム中の身体活動量の把握は、ハートレートモニターにより活動時および睡眠時の心拍変動を記録した。

2） キャンプ中の身体活動量

図-27は、川でのサーキットプログラムを実施した時間から翌朝までの心拍数の変化についての例を示したものである。この対象者（Y）は、水頭症によ

Subj. Y（25歳　男性　水頭症）

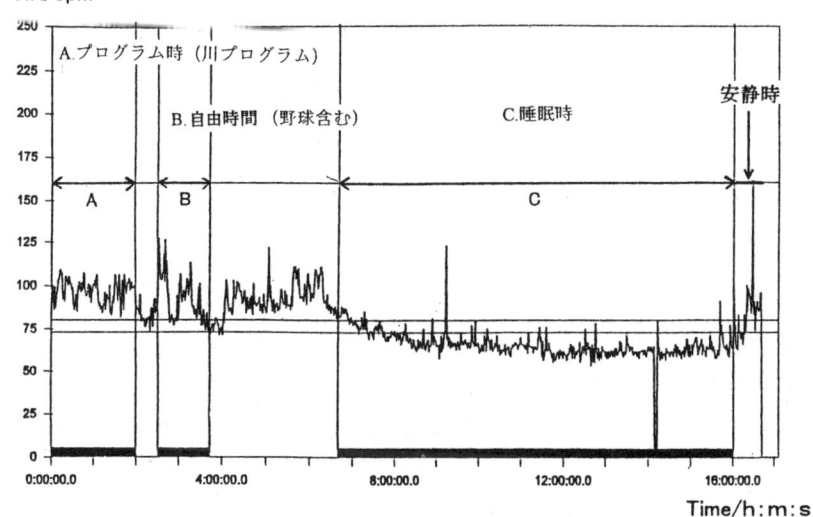

図-27　対象者Yの心拍変動

る知的障害および右上下肢麻痺をともなう年齢25歳の男子である。図中Aは身体活動プログラム時、Bは自由時間、Cは睡眠時の心拍変動についてそれぞれ示したものである。なお、Bの前半は本人が興味をもつ野球を行っていた。

　この例では、安静時の心拍数は75拍／分であり、プログラム中との差は約21拍／分であった。通常、最高心拍数（ＨＲmax—Heart Rate Maxの略）の算出は「220－年齢」で示されるが、ＹのＨＲmaxは195拍／分となる。運動中の目標心拍数はＨＲmaxの60〜80％であることから、117〜156拍／分が運動強度として望ましい値となる。しかしながら、Yのプログラム時における心拍変動数は96拍／分であり、自由時間とはほぼ同様の値を示した。

　すなわち、本キャンプの対象者の身体活動量は、理論値としての運動強度に比較して低く、自由時間との差はなかった。この傾向は、全対象者ともほぼ同様の傾向を示した。その要因として次のような点があげられよう。

① 川プログラムは、知的障害者を対象としたため、障害の度合、対象者の能力などによって川の深さ、流れの強さを調節した。さらに歩行速度は強制せず、本人による速度で実施した。Yの場合、水頭症による上下肢の麻痺がありサーキットの移動速度はゆっくりとしたペースであった。

② プログラムでは、担当者が運動のアドバイスや補助はするものの、安全性・達成感・楽しさなどを重視したため、意図的に強度をコントロールして行うものではなかった。

　キャンプのなかでの活動は、全体の一部として、不慣れな種目を行うものであることが多い。したがって、身体活動については、種目の特性、参加者の経験の有無、体力差を考慮する必要がある。さらに、障害者においては、障害の種類や度合いを把握すると同時に、安全性や達成感を重視しなければならない。これらの要素を考慮しながら行われた運動について、その運動量を個々に評価するのは困難なことであるが、今後の障害者キャンプを考えるうえで必要なことといえよう。

表-7 各施設職員による本プログラムの感想

Q1. 今回のキャンプで、利用者の方の日常生活とは違うようす、行動がみられましたらお聞かせください。
- 自然とふれあう機会が極端に少ないため、のびのびと活動していた感じがした。
- 普段は食べないようなものまで食べることができた。
- たっぷりと時間があったので、利用者の方が落ち着いて話ができたと思う。

Q2. 今回のキャンプで、施設で行う行事（遠足、旅行など）とくらべて、よかった点、悪かった点をお聞かせください。
- マンツーマン体制での対応は、利用者・家族・援助員みなさん安心していた。
- 学生リーダーとマンツーマンということで、援助員とは違い友達感覚で楽しく過ごせたようだった。
- キャンプ中、ずっとマンツーマンだったので、利用者が一人で行動したときに困っている場面があった。

Q3. 今回のキャンプではYMCAを通じて、A施設・P施設合同で行いましたが、よかった点・悪かった点をお聞かせください。
- 他の施設との交流という面では意味があったが、利用者同士の接触は少なかった。
- A施設・P施設両方の利用者の方と話せる機会があればよかった。

Q4. 今回のキャンプ・プログラム（川プログラム）の感想をお聞かせください。
- 利用者の方がめったに体験できないことばかりで、「怖かったけど、楽しかった」という話がよく聞かれた。
- マンツーマンの対応で、安全性は確保されていたと思う。

3）キャンプ全体を通しての各施設間相互の関係および参加者のようす

表-7はキャンプ終了後、引率として参加した各施設職員による本プログラムへの感想をまとめたものである。施設間の交流という点では、異なる施設の指導員どうし、あるいは指導員と別の施設の所員とが話し合える機会を作るという点で、検討課題が残った。また、各施設の指導員に対し、その役割を所員の引率だけにとどめるのでなく、キャンプの運営自体に参加するよう場面設定したプログラムの工夫が必要と考えられた。

キャンプ中において、メンバーの施設での日常生活と異なるようすや行動は、食事の面、気持ちの安定、積極的な参加態度などにみられた。施設での生活にくらべてキャンプ中は、各プログラム間に比較的時間があり、施設職員と所員

が話す機会が十分にあったこと、また、マンツーマンのスタッフが学生ボランティアで、施設職員との関係にくらべてより友人の関係に近かったことなどに、普段と異なる行動の原因があったと考えられる。

このキャンプとほぼ同時期に実施した、知的障害を有する子どもたちのキャンプにくらべ、成人の場合は全体の行動がゆったりとしており、また指示も通りやすいなどの点がみられた。また、一人で行動したいという側面もあり、全時間帯をマンツーマンでいることは、かえって不自然な状態であった。キャンプという特異的な場であっても成人としての対応、個人のプライバシーについて配慮が必要といえよう。

3．知的障害者を対象としたキャンプファイアーの検討

知的障害者を対象としたキャンプファイアーの方法論について研究したものはほとんどない。本プログラムでは、一定のモデルを作成したのちに実際にキ

表-8　キャンプファイアーにおける基本的構成

プログラム構成	時　間	プログラム
セレモニー ファイアー （20分）	19：30 19：35 19：40 19：50	入場 開会のことば 火の長入場 火の長のことば 点火
ボンファイアー （30分） 1種目5分 ×6種目 ＝30分	19：55 20：00 20：05 20：10 20：15 20：20	全体レク1「台湾のバナナ」 全体レク2「ゴリラ」×2 全体レク3「幸せなら手をたたこう」 全体レク4「コンパクト」 全体レク5「ぴよぴよさん」 全体レク6「今日の日はさよなら」
セレモニー ファイアー （10分）	20：20 20：25 20：30	火の長登場 配火「仲よしの火」「みんながひとつになる火」 閉会のことば 退場

ャンプファイアーを行い、彼らに対して不都合な点、配慮しなければならない点を整理することにした。

　基本的構成（表－8）は、セレモニーファイアー20分、ボンファイアー30分、セレモニーファイアー10分の順で合計60分で実施した。ボンファイアーにおけるプログラムは6種類であった。セレモニーファイアーは、開会・閉会のことば、ファイアーキャリアー（火の長）からの配火を2施設から代表者を1名ずつ選出して行った。薪の組み方は、6段組の井桁・ピラミッド型の複合型を用いた。また、点火方法は、ファイアーマスターからトーチによる直接点火とした。
　以下、実施の結果示唆された点について述べておきたい。

1）　キャンプファイアーの基礎構成と安全配慮

　ボンファイアーにおけるプログラムは6種類であり、したがって、1種目あたりの時間配分は5分であった。この時間配分でゲームソングなどを消化していくためには、全体を統括するプログラムリーダーの発信に対して、各メンバーの担当リーダーがよく理解していないとむずかしい。このパターンは、一斉指導の方法であり、本来の目的であったグループ間や個々の交流を考慮するならば、プログラム数に配慮が必要であったと思われる。この点は今後の検討課題といえよう。

　本プログラムでは、メンバー間の交流という点から、セレモニーファイアーでの配火は各施設代表を1名ずつ選出した。この際、留意した点は、言語能力の低い人に対しては、うなずきやおじぎといった動作で実施させるとともに、周りのメンバー・リーダーが合間をフォローするようにしたことである。

　キャンプファイアーの実施にあたって、安全管理のうえで配慮すべき点としては、天候、風向き、風の強さにもよるが、次の点があげられる。

① 炎の明るさによって足もとが暗くなるため、とくに視覚・身体に重複障害を有する人への配慮が必要である。

② 火に対するメンバーの距離を確保するために固定席をつくる。また、ゲー

ムなど動きをともなう場面では、担当リーダーによる距離を確保するための役割が重要となる

③ 配火の場面では、炎を怖がる人のため手を添えてあげる。

以上のように、知的障害者を対象とするキャンプファイアーでは、対象者の人数・能力・目的によってレクリエーション材の内容や数を選択する必要があろう。また、安全配慮においては、障害の種類や行動パターンを理解しながら、とくに炎との距離・位置を常に確保しておくことが必要であった。

2） レクリエーションの選択と援助法

① 個人差（理解差）の受容とレクリエーションの選択

プログラムリーダーからの指示は、メンバー一人ひとりの理解度によって異なる。本プログラムでは、レクリエーションのひとつとして「台湾のバナナ」を実施したが、理解できるメンバーはリーダーの指示どおりに同じ動きをした。理解できないメンバーは自分でリズムをとりながら、手を叩いたり、体を左右に揺らす行動を示した。このような現象は、知的障害者を対象としたプログラムでは多々みられることである。したがって、無理に完璧にしようとせず、それぞれの個人差（理解度・障害の程度）を尊重した考え方が重要であろう。レクリエーションソングにおいて、「コンパクト」「燃えろよ、燃えろ」「今日の日はさよなら」に多くが興味を示したが、「台湾のバナナ」は比較的むずかしい課題のようであった。この違いは、単純なリズムで歌詞が短いほうがメンバーに好まれたためと考えられる。また、おどりについては「ゴリラ」「ぴよぴよさん」「幸せなら手をたたこう」に関心を示した。これらは比較的単純な動作のおどりであった。

以上のように知的障害者のレクリエーションでは個人差を尊重すると同時に、ソング・おどりの選択のポイントは、単純なリズムであること、歌詞が短いこと、単純な動作のものであること、といえる。

② 反復練習の場面設定

メンバーは、知らないレクリエーションを覚えることで、より楽しさが増していくものと考えられる。普通の成人ならば飽きてしまうことでも、メンバーたちは関心をもち続けていた。本プログラムでは、移動バスでのレクリエーションや朝の集い、食事前後の空き時間を利用し、キャンプファイアーで使うレクリエーションを繰り返し実施した。このように、知的障害者のレクリエーション援助では、キャンプ中のあらゆる場面で繰り返し反復することが重要な点といえよう。

③　メンバー間・施設間における交流を意識したプログラム作成

　本プログラムの主たる目的のひとつに、メンバー間・施設間の交流という視点があり、プログラム中のすべての場面がこの点に配慮しながら実施された。しかしながら、メンバー間の交流に関してはいくつかの問題点が残された。たとえば「ぴよぴよさん」では、プログラム・リーダーの発信により、全員が歌って真似をする方法がとられたが、本来の目的に沿って組み立てるのならば、このプログラム・リーダーの役割を各施設のメンバーにそれぞれやってもらうと同時に、動きや発信パターンもあらかじめ理解しやすい単純なものを選択しておき、それを全員の前でできるようにしておくことが必要であったといえよう。すなわち、知的障害者を対象としたレクリエーション援助方法は、メンバーが主体的に参加できるよう、意図的に単純な動きをいくつか選択しておき、リーダーとしての役割を含めたプログラム展開が必要ということであろう。

第3章　オーストラリアにおける障害者の運動プログラム

　オーストラリアでは、知的障害者のための大型施設は、今はほとんど存在しない。彼らは、4～5人の仲間とともに1戸の「ハウス」に生活するのが一般的であり、さらに一般社会のなかに違和感なく溶け込んでいて、スポーツクラブなどにも積極的に参加する。

　本章は、オーストラリアのブリスベーンにおける障害者、とくに知的障害者の運動プログラムについて紹介する。

第1節　障害者を取り巻く環境

1．住宅環境と人の条件

　「ハウス」では4～5人の知的障害者が共同生活するが、ここには生活全般のケアをする人が3～4人いて、三交替制で24時間の援助をする。一人ひとりが自分の部屋をもち、ゆったりとした環境で生活スキル（食事を作ったり、洗濯をするなど）を学ぶ。彼らは毎日シャワーを浴びることができるが、日本の大型施設のほとんどで週に数回の入浴が限界なのにくらべて、清潔さという点からも恵まれているといえよう。彼らは、ここを中心として学校や職場、スポーツクラブなどの活動に参加する。

　日本においても最近、「グループホーム」とよばれるものが一部にみられるようになり、大型施設の生活から徐々に移行しつつあるが、全体としてはまだまだ大型の入所施設が生活の拠点となっている。これには日本と西洋の文化の違いが関係すると思われる。欧米での家庭のあり方は、両親と子どもの関係に

おいて日本とかなり異なる点がある。すなわち、欧米では小さい頃から個人が尊重され、18歳ぐらいになれば親とは別に生活するのが常であり、それは障害者においても同様である。したがって、本人と家族という関係よりも、本人と直接生活を助ける人との関係のほうが密になる。

これに対し日本では、前述のグループホームが、法的には知的障害者援助施設の設備および運営に関する基準（平成2年12月成立、平成3年1月施行）のなかに福祉ホーム、通勤寮という形で導入されているが、欧米で行われている例を日本に置き換えようとするとき、いくつか問題がある。すなわち、親子関係に代表されるように個の尊重に関する生活習慣が異なる、地域社会のなかで生活するにあたって第三者（一般人）の福祉的概念が養われていない、生活費に関して土地・建物等の価格が高い、などである。

日本においては、たとえば会員制のスポーツクラブに知的障害者の姿を想像することはできないだろう。施設の指導者や教育機関の教職員の人たちの多くが、障害者ももっとコミュニティのなかで一般健常者とともに活動するようにならなければいけないと語るが、しかし、一般健常者の彼らに対する接し方はあまりにも啓発されていない。オーストラリアにおける知的障害者に対する運動プログラムは、他の生活と同様に、彼らも一般社会に参加するのが前提条件となっている。オーストラリアではきわめて当たり前のこうしたことも、日本ではかなり困難である。すなわち、危険だからやらせない、衣食住のことに比して必要性が少ないからやらせない、ということになる。そのため、可能性の範囲は小さくなり、安全で効果的な指導法や道具の改良がなされない。彼らの参加が日常的であるならば、運動の指導者たちもそれなりの知識や技術が必要となろう。

2．社会空間と人の条件

障害を有する人が人間らしく生きるためには、特別な場所だけでなく一般社

会のなかで自由に行動できなければならない。したがって、一般人の福祉に対する考え方が十分に普及されていない場合、コミュニティーのなかで彼らが生活するのは困難である。そこで、ここでは、オーストラリアで行われた一般人に対するアプローチについて紹介したい。

1) エジンバラ公計画 Duke Edinburgh Scheme

1956年にイギリスで設置されたエジンバラ公賞がオーストラリアでは普及している。対象は14～25歳の青少年であり、健常者に限らず障害者をも含むものである。この組織活動は大きく3つに分類されており、①サービス Service（幼稚園の子どもと遊ぶ、病気の人や障害者の手助けなど）、②エックスペディション Expedition、③スキルズ Skills（写真・絵・音楽など約200種類の技術）を、決められた時間に能力に応じて進めていくものである。こうした活動を通じて若者は物ごとの達成感や社会奉仕の精神を学ぶ。すなわち、若いときから障害者とともに過ごし、福祉について体験を通して感じとるのである。また、障害者においても自分の可能性を追求するとともに、社会に対し奉仕する場をもてることは有意義といえよう。

2) ボランティア・フレンズ・プログラム Volunteer Friends Program

このプログラムについては、政府のファミリープランのなかに知的障害者協議会があり、本人の代わりに種々の手続きをとっている。プログラムの主旨は、知的障害者が社会生活を送るのを社会のほうからサポートするためにボランティアを紹介することにある。ボランティアを紹介するだけなら特別なものではないが、ポイントとなるのはマッチングの方法である。健常者の場合、気が合う合わないは友人関係を作るうえで問題となるが、障害者とボランティアの関係にもこうした点を配慮しているのである。フレンド・プログラムのコーディネイターは、初めのしばらくの間、知的障害者と、その友人になりたいという人と3人でいっしょにピクニックをしたり、動物園に行ったりして、彼ら2人が慣れるまで行動し、徐々に友人関係を作らせる。2人に相性が悪いとみてと

ったときは、マッチングをしない。そういうところまでコーディネイターが責任をもつわけで、日本においても最近はボランティアとして障害者支援に参加したいという希望者が増加してきているが、政府レベルで個人に対する配慮まで考えるようなことは、まだまだなされていない。

　ボランティアというのは、だれかが意図的にコントロールしたり、教育したりするような性質のものではない。しかしながら、ボランティア活動をした若者が親になり、その子どもたちもまた自然のうちにボランティア活動に参加していくようになるためには、ある期間（10～50年といった）こうした操作が必要なのかもしれない。オーストラリアでは、こうした活動が民間レベル、家族レベルにおいても多くなされている。また、教会による活動も活発に実施されている。

　このように、知的障害者に直接関わる人だけでなく、広く一般の人に第三者として福祉に関する基礎的感覚を養うよう働きかけることが、とくに重要な点といえよう。

第2節　身体障害者に対するトレーニング

　クイーンズランドにある障害者療育施設「The Sporting Wheelies Disabled Sport and Recreation Association of Queensland Inc.」では、身体的ハンディキャップのある人たち、すなわち視覚障害・脊椎損傷・脳障害・手足の切断などの障害をもつ人びとを対象に運動療育を行っており、知的障害者は対象外である。

　サービス内容は、スポーツサービス、レクリエーション、フィットネスの3つから成り立っている。スポーツの内容は、陸上、水泳、アーチェリー、射撃、テニス、バスケットボール、パラグライダー、スキー、水上スキー、スキンダイビングなどさまざまであり、障害によってルールを変えるなど工夫がなされている。レクリエーションとしては、バー、レストラン、映画、キャンプなど

が用意されている。また、フィットネスでは、ウェイトトレーニングを実施している。

　この協会には、こうした活動に参加するリーダーの養成コース（CAD）がある。コースは、毎週、土・日曜日の受講で18～24ヵ月となっており、土曜日に講習を受け日曜日に実習をするようになっている。ここでの訓練を終えた受講者たちは、各地でリーダーとして活動することとなる。日本でも今日、障害者スポーツリーダー養成コースはいくつかあるが、それらはいずれも期間的に短く、何よりも実習という制度が不十分なため、現場で即戦力となるような指導員を養成するのは無理というのが実態であろう。また、オーストラリアでは、遠隔地に住む人のためにインストラクターを派遣するとともに、さらに遠い人に対しては通信でサービスするシステムもある。

　この協会でみられたウェイトトレーニングのマシーンは、一見普通のマシーンであるが、たとえばベンチプレス用の台においては、高さを車椅子の高さと同じにしてあったり、さらにバランスの悪い人が多いために幅を広くしている。負荷については、もち上げるときに対して降ろすときには負荷が小さくなるように工夫がなされおり、また足首などに力が入らない人には、ストラップが同様に工夫されていた（写真-66～69）。ウェイトトレーニングにおける負荷決定法は、やはり試行錯誤の対象になっていた。

第3節　障害者の水中療法

1．病院内における水中療法

　ウェスレー病院 The Wesley Hospital 内には、リハビリテーション科とは異なる水中療法のユニット「The Wesley Hydrotherapy Clinic」が独立して存在していた。対象者は、とくに背中や関節に問題のある人、神経系に問題がある人たちで、水中では浮力があり、関節などに負担が少ないことを利用した療法が行

164　第Ⅱ部　実践編

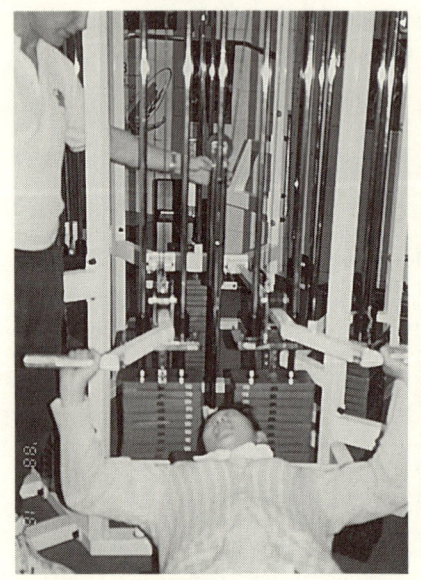

写真-66　障害者用のトレーニングマシーン

写真-67　負荷をコントロールするための工夫

写真-68　身体を固定する工夫

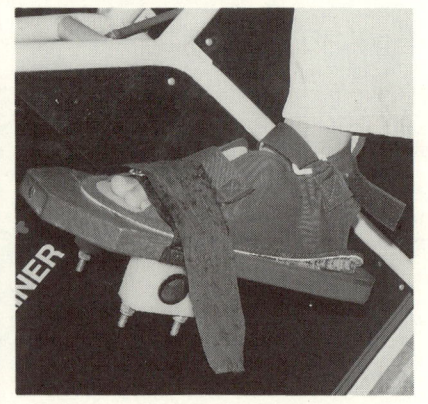

写真-69　足首に力が入らない人のためのストラップ

第3章　オーストラリアにおける障害者の運動プログラム　*165*

われている。スタッフは4人であり、この中で2人が専任であった。指導者は、医学部の理学療法科を卒業したのち資格試験を受け、さらにハイドセラピストとしての資格をとった人たちである。

　ここでは、対象者に合わせてさまざまな種類の道具が用意されている（写真-70〜73）。日本では、いくつかのスポーツクラブにおいて、アクアビクス、水中エアロビクスなど、水中での

写真-70　脊柱・関節・神経に問題のある人に対するアプローチ

写真-71　浮力を使った補助具

写真-72　プラスチック製の車椅子

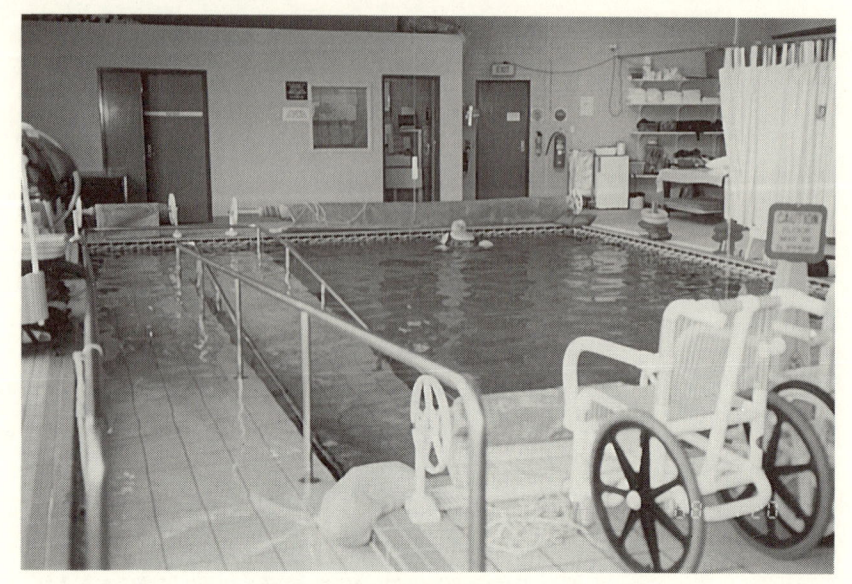

写真-73　水中療法を実施するプール

エクササイズが導入されてきているが、しかし、資格制度がないことや医学的見地に対する理解度の不足などから、どうしても内容的に劣ることは否めない。とはいえ今後、発展しそうな分野であろう。

2．知的障害者に対する水中訓練

　ニュー・ファーム養護学校 New Farm Special School は、精神的・身体的に障害がある2～18歳までの66名を対象に養育を行っている。スタッフは、ＰＴ（理学療法士）2名、ＯＴ（作業療法士）2名、ＳＴ（言語療法士）4名、看護婦1名、教師12名からなり、その他ヘルパー21名による体制を組んでいる。対象者は、年齢・障害の度合いにより、ジュニア、ミドル、シニアの3つに分けられ、棟ごとに分離されている。また、学校専用のマイクロバスが用意されており、各家庭を定時巡回して通学の便をはかっている。

　この学校には8つのカリキュラムがあり、各プログラムの内容の決定、それ

に対するデータの収集・評価・改善法が徹底している。水中訓練は8つのカリキュラムのなかで「Health Physical Education」に属しており、医師による診断をもとに、理学療法士によってプールへの入水・補助運動・出水にいたるまで個人別シートが用意されている。このようなシートは、別のプログラムでも同様である。また、どんな重度の障害者でも入水するため、道具の改良においても配慮がなされている。たとえば、車椅子やベットごと水中に入れるようにスロープやクレーンが用意されており、同時に車椅子などもプラスチック製のものが用意されている。

日本のスイミングスクールでは、子どもの能力レベル別に指導内容がマニュアル化されている。しかし、集団としてのレベルは同一であっても、個人によって能力は異なるのであるから、指導者は、本来ならば一人ひとりに対する指導シートを作り、そのうえで個人指導をなさなければ専門家とはいえないだろう。オーストラリアでの指導方法をみて、個人別指導マニュアルの必要性を痛感させられた。

第4節　知的障害者に対するサーキットトレーニング

ファニーヒルズにある体操クラブ「Home of the Ferny Hills Gymnastics Club」では、知的障害児の体育指導を実施しており、頻度は1週に1回、1時間である。指導者は一般のスポーツクラブから派遣されている。

ここで行われるサーキットトレーニングの内容は図-28に示したとおりである。知的障害児に関するトレーニング課題は感覚統合にある。たとえば、ヒトはバランスの崩れた場合、各感覚が働き立て直そうとする。ところが、知的障害者の場合は、これらの感覚が統合されにくいため、立て直すのが困難なことが多い。そこで、外界において、わざとバランスの悪い条件を与え、逆に脳に刺激を与えるようにする。そのようにして、バランス感覚・調整力・空中感覚

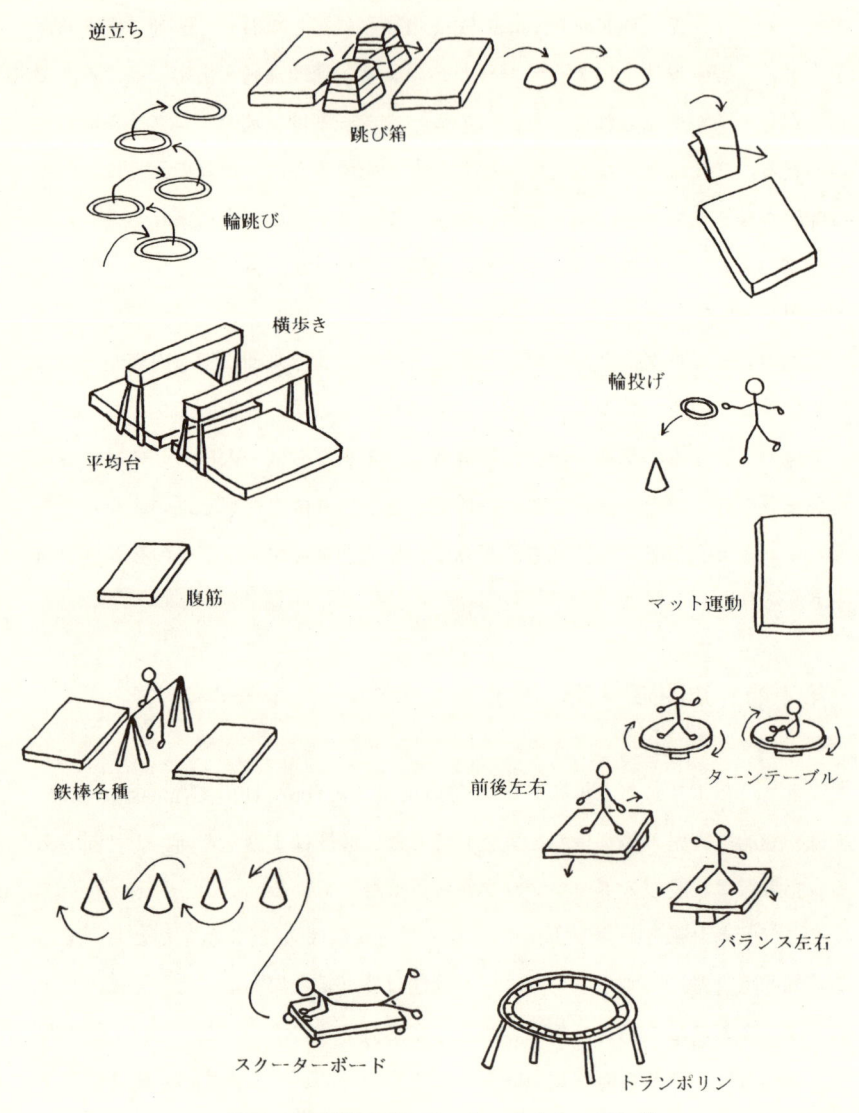

図-28 知的障害者のサーキットトレーニング

などを養う種目がサーキットの主な内容である（写真-74〜76）。

このトレーニングには、一般健常の子どもたちもボランティアとして参加していた。

第5節　重度知的障害者のマシーントレーニング

1．重度知的障害者のマシーントレーニング

YMCAアカシア・ライド・トレーニングセンター Acacia Ride Training Center では、重度障害を有する知的障害者のマシーントレーニングを実施している。負荷設定の方法は、対象者に合わせ、軽いものから重たいものへという形式で、ここでも特別な評価法はない。指導は、チーフインストラクターが実施し、基本的にはマンツーマンである。視覚・聴覚・言語などに問題がある場合は、皮膚感覚を通じて指導する。1種目3分間程度で、自転車エルゴメーター、ロー

写真-74　知的障害児のサーキットトレーニング

イングエルゴメーター、ステッピングマシーンなどを使って、筋肉や呼吸循環機能のトレーニングを6～7種のサーキット形式で行う（写真-77・78）。

　呼吸循環機能のトレーニングは、一定強度で続けなければならないが、対象者は負荷を配分する能力と集中力に欠ける。そのため、トレーニングジムでは、筋力系の効果は十分期待できるであろうが、呼吸循環器系についてはきわめて困難と思われる。筆者は、インストラクターのティム・フロッド氏といっしょに指導を行ったのち、意見交換をしたが、データの蓄積はやはりなされていなかった。

　オーストラリアにおけるスポーツインストラクター資格はAFCAから発行される。AFCAはアメリカスポーツ医学会（ACSM）に相当するものであるが、ここで得られる資格には1年ごとに審査があり、ポイント制になっていて、1年間に20ポイント以上取得していないとインストラクターとしての資格

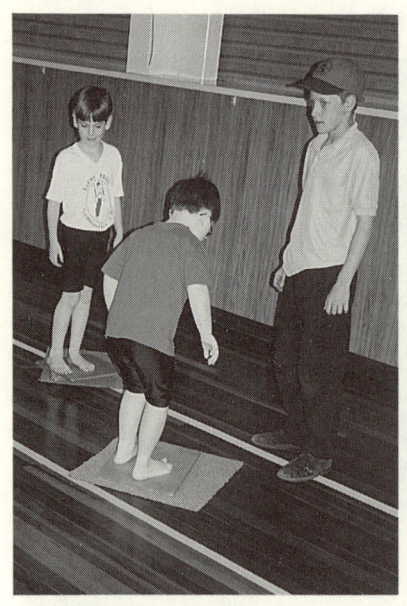

写真-75　バランスボード　　　　　写真-76　ターンテーブル

がなくなる。このポイントは、研究論文や特別プログラム活動などを対象として発行されるが、知的障害者に関するプログラムもこのポイントの対象となっている。インストラクターの資格は、常に一定以上の努力をしていないと維持できないわけで、これはアメリカで、大学教授が一定期間内に研究論文を提出しなければならないのと似ている。

2．ウェイトトレーニングと障害者の社会参加

　ジンダリー・オール・スポーツ Jindalee ALL Sportsは、ジンダリー地区最大の新型スポーツクラブである。ここでは、週に1回、約1時間、知的障害者を対象としたウェイトトレーニングが行われている。トレーニングは「Hydranlic gym circuit」といい、圧によって負荷を調節するマシーンをサーキットで実施するものである（写真-79・80）。したがって、他のマシーンとは異なり、負

写真-77　対象者は視覚・言語・聴覚の重複障害者

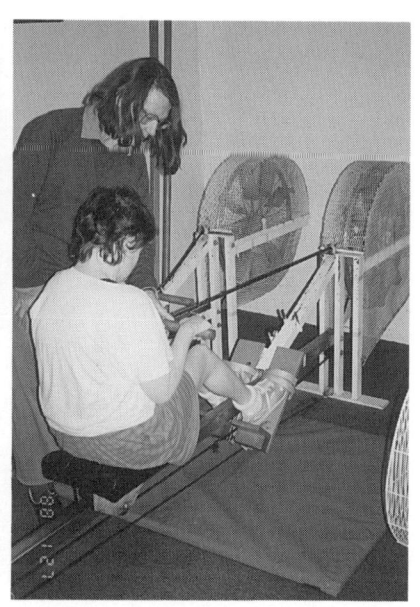

写真-78　ローイングエルゴメーター

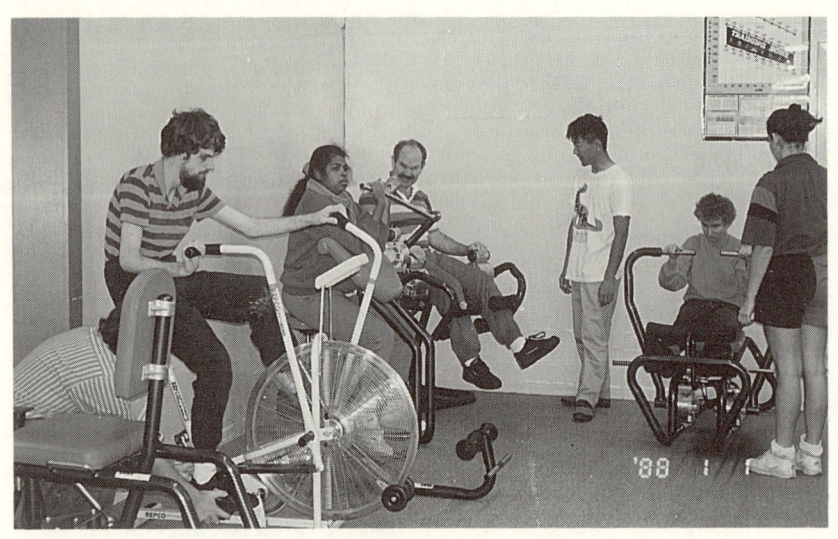

写真-79　マシーンを使ったサーキットトレーニング

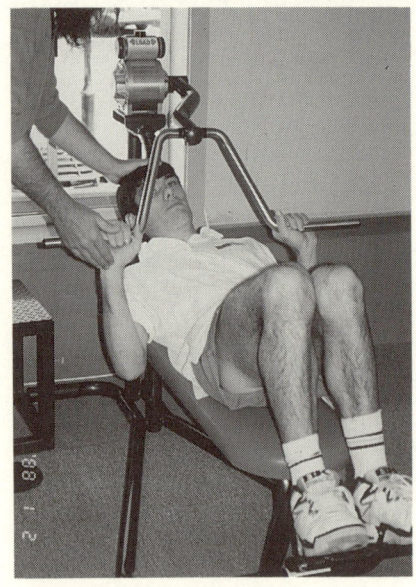

写真-80　油圧を利用したトレーニングマシーン

荷の微調整ができる。

　対象者6名で、それに対してインストラクターが1名、アシスタントが3名であった。対象者はハウス（共同生活の場）から車でアシスタントといっしょにクラブに来る。アシスタントとして働く人たちは、「Department of Family Services and Aboriginal and Islander Affairs」「Intellectual Disability Services」「Taringa Resource Center」に属している。これらの機関は公的なものであり、報酬は政府から支給される。

　トレーニングを終了したのち、数名の人は直接、車でハウスに帰るが、そ

のほかの人は町へ出て、道路の横断トレーニングやショッピングのトレーニング、食事のトレーニングをしながら約3時間ほどかけてハウスにもどる。この例にかぎらず、オーストラリアでは知的障害者に対するウェイトトレーニングは、身体的に障害のある人専用に用意されたマシーンや場でなく、一般のスポーツクラブで実施される。したがって、その目的はたんに体力の向上にあるだけでなく、コミュニティのなかに参加し、一般健常者と同様の社会性を身につけることにある。

　トレーニングに関する負荷の設定法や評価法には、このクラブでもやはり特別なものはなく、いずれも試行錯誤の段階であった。ウェイトトレーニングに関する指導は、ＰＴ（理学療法士）の範中に入っていないのである。知的障害者の運動トレーニングについては、ＰＴやＯＴ（作業療法士）のほうがインストラクターよりも進んでいるが、双方ともにこのプログラムに関しては、いわゆるすき間があるといわざるをえない。今後、一定の仮説のもとに進められた指導法の開発・研究論文が必要な分野といえよう。

第6節　知的障害者の感覚統合・呼吸循環器系トレーニング

　エイマイル・プレインズ養護学校 Eihmile Plains Special School は、重度の知的障害児を対象としており、在校生48名である。スタッフはＯＴ、ＰＴ、ＳＴ、教師、母親、実習生、ボランティアで構成されている。この学校では、すべてのアクティビティが1対1を原則としているが、ものによっては4人に対して2人の指導員であり、必ずＰＴかＯＴが入るようになっている。

　室内には、シートベルトがついているプラスチック製のブランコが用意されているが、これは空中で揺られる感覚を養うことを目的としたものである。感覚刺激を促進するためのスクーターボードは、普通に使われているものよりも幅広く作ってある。これは、対象者がたとえば脊柱が湾曲しているようなケー

スでは、うつ伏せや仰向けの体位がとれないということを考慮しているからである。スクーターボードにはロープがついており、車椅子などで長期にわたって同一姿勢をとっていて自分で手足を動かせない者に対して、他者が引張ってやるようになっている。ボードは10〜15分くらい、学校内外の特別なコースを走らせる。これは、身体に対する加速・重力の感覚を養うことを目的としている。

この学校では週1回、午前中、近くの陸上競技場で呼吸循環系のトレーニングを実施する。内容は、ランニングトラックを800〜1,000m走るものである。このプログラムでは、指導者と対象者がマンツーマンで実施するとともに、集中力の欠ける対象者に対し、ややきつい態度で接するようにしている。また競技場の観客席にある階段では、登り降りを利用して脚筋力のトレーニングを行う。このトレーニングの本来の目的は、階段の高さに対する調整能力を養うことである。同様にハードルをくぐる運動があるが、これもハードルに自分の身体が触れないよう、身体の高さを調整するものである。

校庭では大きなパラバルーンが使われ、狭い場所に複数の子どもが入ることで、たがいの接触感覚を体験させる。そのほか、大きなタイヤを利用したぶらんこやハンモックがあり、いずれも感覚刺激に着目したものである。また、ディスコダンスなども行われ、車椅子の子どももいっしょに踊りを楽しむ。

第7節　障害者に対するその他の活動

1．障害者へのスポーツやレクリエーションの提供

障害者のクラブ組織「Synergy Applied Adventure」は、障害者に対する諸活動の窓口をしている。クラブ組織の形態をとっており、300人の会員がいる。

活動の目的は障害者に対し、スポーツやレクリエーションを提供することで、キャンプ、ブッシュツアー、カヌー、カヤック、水上スキー（車椅子に乗ったままでも可）、ロープスコース、ロッククライミング（ロープで登る）、アブセ

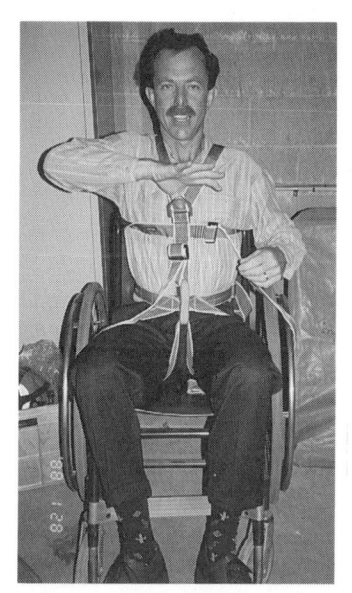

第3章 オーストラリアにおける障害者の運動プログラム　175

写真-81　車椅子でのクライミングをするための固定具

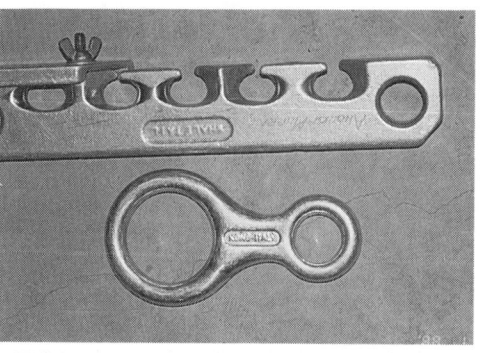

写真-82　ロープを通す金具（下は普通のもの）

写真-83　クライミング用の車椅子

写真-84　壁面を使ってのクライミング

ーリング（ロープで降りる）など、身体障害者、知的障害者に限らず、一般の老人までも含めてその対象者としている。

　ロッククライミングとアブセーリングに関しては特別な車椅子が用意されている。すなわち、車椅子のまま岩壁を登り降りできるように、背もたれの角度や重量、シートベルトなどに工夫がなされているのである。また、ロープを通す金具も普通のものとは異なり、急に落ちないようにジグザグにロープを通して摩擦でコントロールするようになっている。

　これらは、障害者であってもスポーツやレクリエーションに参加するのが当たり前という発想に根ざすもので、それゆえ道具の開発、安全性の確保、プログラムの展開方法などに、さまざまな工夫がなされている（写真-81〜84）。

2．障害者のボーリング

1）　知的障害者・身体障害者のボーリング

写真-85　取っ手がなかに入り込むボーリングのボール

　グリーンスロープス・レーンズ Greenslopes Lanes のオーナーであるローレン・ワイス氏は、知的障害者・身体障害者に対するスポーツやレクリエーション活動としてのボーリング大会を企画・運営していた。ここは、クラブ組織になっており、競技会も実施している。

　脚の不自由な人やバランスの悪い人には、フレームという特別の器具が各種あり、その上にボールを置いて投げるようになっている。指が上手に使えない人には、取っ手が埋め

込んであるボールが用意されていて、これはボールを投げ終わると取っ手が中に入り込むようになっている（写真-85）。

ここに来る知的障害者のほとんどが軽度障害者である。言語は十分に理解ができ、楽しむスポーツが可能である。普通、知的障害者を対象とするスポーツでは、あまり競技的思考をさせないように工夫する。しかし、このボウリング場ではその要素がかなり含まれている。彼らのなかには、平均で180点以上もの得点を出すほど高い技術をもつ人もいた。全体的に、投げるフォームはあまりよくないがスコアーは高い、という傾向がみられる。これは、各個人の身体特性（筋や骨のつき方、機能発揮パターンなど）に合致した技術で投げているからであろう。

2）　視覚障害者のボーリング

ジンダリー・ボールス・クラブ Jindalee Bowls Club では、視覚に障害がある人ボーリングを行っていた。彼らの場合は、転ぶのではないかという不安が健常者に比してはるかに大きい。したがって、ケアの要点はその不安を取り除くことにあるといえよう。そのためにここでは、アシスタントが常に身体に触れて後方で支えると同時に、投球も身体の側面でなく、股の間から投げるよう指示していた。

こうした配慮も、すべて障害者が健常者同様に活動するという前提のもとになされたもので、そうしたなかで障害者がより安全に、また参加の喜びが得られるようという工夫がなされている。

第8節　プロジェクト「コクーン」

コクーンとは、繭（まゆ）のことである。知的障害者は、自分の殻にこもりやすい。そこで彼らが、もっと自分の可能性を引き出すことを繭から抜け出ることにたとえて名づけられたのがプロジェクト「コクーン」である。

写真-86　丸太の上を歩く

写真-87　ロープにつかまって空中運動

写真-88　不安定な木の上を歩く

写真-89　野外調理

第3章 オーストラリアにおける障害者の運動プログラム　179

写真-90　プログラムの最後は必ずミーティング

　プロジェクトのスタッフは、OT、PT、教師、ボランティアである。活動の内容は、キャンプ、カヌー、ブッシュウォーキングなどの野外活動や旅行がある。よく使用される場所は、ブリスベーンから車で約2時間離れた郊外のブーナー Boonah である。この場所は「The Training and Resource Centre」とされる所で、アウトドア用品のすべてが常備されている。

　筆者が参加した活動は、午前中がロープスコースの体験と指導であった。目的は、バランス感覚と空中感覚の養成（写真-86～88）と、怖さに対して挑戦することであった。ロープの高さや難易度は最も低いレベルのものを選び、スタッフはマンツーマンでケアする。

　昼食はデンパというパンを野外で調理した（写真-89・90）。オーストラリアでは野外調理には直火とおき火（木が燃え落ちた後の炭火）を使うが、パン作りはオーブンと同じおき火で焼く。この間、知的障害者のメンバーたちも同じように手伝い、調理法や食事のマナーを学ぶ。

食後は、ブッシュウォーキングというアップ・ダウンの草原を歩くプログラムであった。知的障害者における肥満の問題では、食事のコントロールとともに、持久的運動をどのように行わせるかが重要な課題である。呼吸循環系のトレーニングは一定時間持続させなければ、消費カロリーの増大と循環系の向上は期待できないが、知的障害者の場合、集中力の点に問題がある。ブッシュウォーキングの目的は、この持久力トレーニングにあり、集中力を持続させるために多くの興味をひかせるような工夫がしてある。もう少し歩くと馬がたくさんいるとか、池があるといった具合に、次々と目標を与えていた。また、コースどりについては、たとえば下り坂においては能力に応じて急斜面を選んだり安全な道を指示する。このとき、自分の身体条件と外界とを調整することを意図的に学ばせる。すなわち、このトレーニングでは、興味をつなぎながら長時間歩かせるとともに、感覚統合の能力を養うことを意図しているのである。

　ここで大切なポイントは、感覚統合用に作られたスクーターボードやブランコ、筋力向上用に作られたマシーンといった道具の問題、あるいは競技場やスポーツクラブといった場所は問題でないということである。コクーンのスタッフは専門家であるがゆえに、ある行動に対する教育効果を十分に心得ているということが重要なのであり、ようするに指導者の質が最も問題なのだということである。

　オーストラリアにおける知的障害者に対する運動プログラムは、参加するのが前提条件となっている。このきわめて当たり前のことが、日本ではまだまだ困難なのである。危険だからやらせない、やらせないから可能性の範囲は小さくなる、安全で効果的な指導法の開発、道具やルールの改良がなされないのである。また、第三者となる健常者の教育ができていない。したがって、一般のスポーツクラブに知的障害者の人たちが来ることなど、とうてい考えられない

ことであり、彼我の差をまざまざと感じさせられる。

　このように、知的障害者に対する運動プログラムでは、実践面においてオーストラリアのほうがはるかに優れていた。しかし、評価表やトレーニング効果を含めた運動処方については日本とさして差はみられないように思われる。この点は、今後の研究課題であろう。

■参考文献(著者名50音順)

浅見俊夫他『身体運動概論』大修館書店、1981。
アシモフ著・桜井靖久訳『脳』白揚社、1980。
猪飼道夫「姿勢」『生理学講座』中山書店、1952。
犬築立志『「たくみ」の科学』朝倉書店、1988。
井原秀俊・中山彰一『関節トレーニング』協同医書出版社、1990。
今村護郎『行動と脳』東京大学出版会、1981。
ウィニック著・小林芳文他訳『子どもの発達と運動教育』大修館書店、1992。
エアーズ著・佐藤剛訳『子どもの発達と感覚統合』協同医書出版、1999。
エレイン他著・林正健二他訳『人体の構造と機能』医学書院、1997。
大山良徳『発達運動生理学』光生館、1996。
小野晃『精神遅滞者の肥満と運動』同成社、1992。
小林芳文編著『運動・動作の指導内容と方法』学研、1993.
坂本龍生編著『障害児の感覚運動指導』学苑社、1991。
シュトラッツ著・森徳治訳『子どものからだ』創元社、1952。
シュミット著・岩村吉晃他訳『シュミット感覚生理学』金芳堂、1992。
杉浦和朗『イラストによる中枢神経の理解』医歯薬出版、1985。
清木勘治『人体解剖学ノート』金芳堂、1984。
高石昌弘・樋口満・小島武次『からだの発達』大修館書店、1981。
竹内一夫『標準脳神経外科学』医学書院、1984。
橘敏也『コ・メディカルのための基礎医学の知識』薬業時報社、1991。
田中敏降『発達と指導』中央法規、1996。
寺岡敏郎『運動療育と障害者の水泳指導』同成社、1998。
中野昭一『図説・からだの仕組みと働き』医歯薬出版、1981。
中野昭一『図説・ヒトのからだ』医歯薬出版、1994。
藤田恒太郎『体育解剖学』南江堂、1980。
ブルーン他著・大利昌久監修『図説人体の構造』ほるぷ出版、1985。
ペンフィールド著・塚田裕三他訳『脳と心の正体』文化放送、1978。
Hollis, M. "Practical exercise therapy", 2nd ed., Blackwells Scientific Pub., Oxford, 1981.
宮下充正編著「スポーツとスキル」『講座・現代スポーツ科学』大修館書店、1978。
武藤浩他『栄養・健康科学シリーズ：解剖生理学－講義と演習－』南江堂、1991。
Morton、D.J. "The Human Foot", Columbia Univ. Press, 1935.

あとがき

　本書をまとめるにあたり、実に多くのご支援をいただいた。
　まず、本書に記した実践のすべては、対象者の理解度・能力およびニーズに沿うように、マンツーマン体制をとって行われた。それはYMCA健康福祉専門学校の多くの学生や卒業生、また他大学や社会人のボランティア・リーダーによって支えられて、可能になったものである。また、保護者の方々、パステルファーム、ハーブポット、綾瀬ホーム、さがみ野ホーム、みどり作業所の各職員の方々の、さらに活動の場を提供してくださった東京YMCA山中湖センター、山北町役場、日本ランド、厚木YMCAの職員の方々には心より感謝したい。
　当初7人の子どもと数名の学生リーダーからスタートしたプロジェクトは、現在、5歳から83歳といった年齢幅で、アクアプログラムまで含めると100名を越える参加者となっている。「まえがき」に記したSeed(種・発芽)の名称に対する願いが少しずつではあるが、確実に育っていると思う。
　以下、プロジェクトに参加しくださった人たちの名を記してお礼のことばに代えたいと思う。

　　相原朝香、青木淳、青木知子、青山宏、赤崎真理、東千穂、安達章人、安部晃規、阿部学、甘利孝行、新井恵美子、荒井祐輔、有馬和誉、安居院隼人、伊佐和香、石井和明、石智也、井田めぐみ、市川圭介、市川満雄、井上京子、今井良明、今村一伸、岩崎宏子、岩本裕侍、上岡晴美、植田和治、植田和長、上原隆、上村あき、鵜飼淳子、潮田智恵子、江幡千那美、及川照美、大野僚太郎、小野雅仁、小野玲奈、大盛あや子、大矢悟、岡田麻子、岡田美香、尾形有紀、岡本千佳、小川恵美、荻野一秀、尾崎学、尾崎洋平、

小沢美香、越智和恵、柿沼佑子、栢本聖子、片山康子、加藤純、加藤由紀、加納喜奈美、狩野吉　伸、鹿股直美、鏑木悦史、亀井はる香、川井孝幸、川井美穂、川嶋美智子、川村隆、菊池秀一、菊地原直子、木曽扶美子、北村輝嘉、木村友美、久保田友成、黒川俊宏、黒木朱、黒沢乙彦、兼子ゆき、小池忠昭、幸野千代子、後藤和馬、小林一郎、小林みゆき、小林義則、小原早苗、小森茂樹、斉藤絵末、斉藤憲郎、酒井剛、坂口ゆう子、佐久間照美、佐々木麻里子、貞島優子、佐藤創志、佐野雅人、志田知巳、篠塚健匡、篠塚麻有、渋谷優一郎、島貫誠、清水剛、祝部悟、庄子昌美、杉崎友香、杉田知美、鈴木淳子、鈴木崇弘、鈴木千学、鈴木洋之、鈴木利和、関川章介、関澤彩子、瀬戸和音、外山智之、園田佳夏、大門房恵、高尾麗子、高城勇太、高田梓、高田孝行、高梨聖子、高橋健作、高橋麻里、田口智久、竹中信治、田尻美希、田中恒二郎、田中秦二、田中洋、田辺紀貴、谷麻依子、千葉寛、堤賢一、角田麻子、鶴巻慶浩、時田亜紀、富岡鉄平、富永英明、富吉和美、中川幸宝、中川麗、長田博史、永沼絵美、中野文恵、仲村夏美、中山幸治、中山由美子、奈良修、西塚紀子、二村佳子、根本健、萩沢恵子、萩原絵里子、橋本敦史、長谷川みどり、馬場あゆみ、馬場俊和、春木誠、平木裕子、平本幸代、平松和則、廣石也寸志、藤井俊宏、藤井智昭、藤澤恵子、藤田道広、藤野沙智江、藤巻利依子、藤原みか、渕友成、古屋和敬、古谷田綾、北條雅寿、星野美弥、真壁真倫、牧嶋いづみ、増田泉、松島由香、松田香、松元佳奈子、松本英、松山義史、松山宜史、丸橋茂雄、三浦雅美、三上淳、三田村志乃、三並静香、宮田孝仁、森岡妙子、森田悦子、森田義彦、守屋秀樹、森優樹、柳田絵里、柳原里衣、屋宜剛、山内朋美、山川秀樹、八巻誠、山口祐一、山崎由佳梨、山田佳苗、山田剛嗣、山本真由美、山本裕美、湯浅悟、行方晴子、弓田文子、横手貞尚、横堀正美、横須彩香、横山しのぶ、横山美緒、吉江紀之、吉口麗那、吉田茂、吉野彰子、若林三和子、若村有子、渡邊健、渡辺康平、渡邊実生

さらに、私事ではあるが、多くの野外でのプログラムを実施するに当たって、日曜・祝日の度に現地調査および実践をすることになり、家族の理解が不可欠であった。そのことを理解し心の支えとなってくれた妻と2人の子どもたちに感謝したい。また、資料整理、イラスト作成に当たっては、務台法、渋谷公一、福山葉子、小野純子の各氏の協力を得た。記して感謝する次第である。

　なお最後になったが、筆者のプロジェクトの意義を理解し、本書が世に出るきっかけを作ってくださるとともに、文章や細部の構成にいたるまでさまざまな助言をしてくださった同成社の山脇洋亮氏に、心より感謝の意を表したい。

　2000年3月

小　野　　晃

知的障害者の運動トレーニング

■著者略歴■
小野　晃（おの・あきら）
1960年　神奈川県に生まれる
1984年　東海大学大学院体育研究科修了
現　在　YMCA健康福祉専門学校専任講師、
　　　　YMCA福祉スポーツ研究所主任研
　　　　究員、東京都立大学非常勤講師
著　書　『精神遅滞者の肥満と運動』（1992年、
　　　　同成社）ほか

2000年4月10日発行

著　者	小野　晃
発行者	山脇　洋亮
印刷者	㈱深高社
	㈱平河工業社

発　行　東京都千代田区飯田橋4-4-8　同成社
　　　　東京中央ビル内
　　　　TEL　03-3239-1467　振替00140-0-20618

ⒸPrinted in Japan　The Doshei Pubulishing Co.,
ISBN 4-88621-194-1　C3075